贾丰臻 [著]

中国史略丛刊

中国理学史

中国书籍出版社
China Book Press

图书在版编目（CIP）数据

中国理学史 / 贾丰臻著. -- 北京：中国书籍出版社，2022.1

ISBN 978-7-5068-8761-8

Ⅰ.①中… Ⅱ.①贾… Ⅲ.①理学—哲学史—中国 Ⅳ.①B244

中国版本图书馆CIP数据核字(2021)第215780号

中国理学史

贾丰臻 著

策划编辑	牛　超
责任编辑	牛　超
责任印制	孙马飞　马　芝
封面设计	东方美迪
出版发行	中国书籍出版社
地　　址	北京市丰台区三路居路97号（邮编：100073）
电　　话	（010）52257143（总编室）　　（010）52257140（发行部）
电子邮箱	eo@chinabp.com.cn
经　　销	全国新华书店
印　　刷	中煤（北京）印务有限公司
开　　本	880毫米×1230毫米　1/32
字　　数	230千字
印　　张	6.75
版　　次	2022年1月第1版
印　　次	2022年1月第1次印刷
书　　号	ISBN 978-7-5068-8761-8
定　　价	52.00元

版权所有　翻印必究

代序

丰臻编辑中国理学史后，发觉有许多不相干的闲话，要和阅者讲讲，姑且陆续书下来。

我敢大胆地说：中国以前只有理学，没有什么叫做哲学。那《周易》极像是哲学书，不过翻开《周易》一看，如首卦为《乾》，《乾》为天象，颇像哲学，但是文王作《卦辞》，"《乾》元亨利贞"，孔子作《文言》，"元者善之长也，亨者嘉之会也，利者义之和也，贞者事之干也"，这岂不明明是理学么？孔子又作《象辞》，"天行健，君子以自强不息"，"地势《坤》，君子以厚德载物"，"云雷《屯》，君子以经纶"，"山下出泉《蒙》，君子以果行育德。"……这岂不明明是理学么？又宋杨慈湖作《己易启蔽》，说："天地吾之天地，变化我之变化，非他物也。""天者吾性中之象，地者吾性中之形，故曰：'在天成象，在地成形'，皆我之所为也。"清李二曲因心体论《易》，说："求《易》于《易》，不若求《易》于己；人当未与物接，一念不起，即此便是'无极而太极'。及事至念起，惺惺处，即此便是'太极之动而阳'。一念知敛处，即此便是'太极之静而阴'。无时无刻而不以去欲存理为务，即此便是'天行健，君子以自强不息'。人欲净尽而天理流行，即此便是'乾之刚健中正纯粹精'。希颜之愚，效曾之鲁，敛华就实，一味韬晦，即此便是'归藏于《坤》'。亲师取友，丽泽求益；

见善则迁，如风之疾；有过则改，如雷之勇；时止则止，时行则行；见可而进，知难而退；动静不失，继明以照四方；则《兑》、《巽》、《震》、《艮》、《坎》、《离》——在己而不在《易》矣。"这岂不明明是理学么？又子思作《中庸》，说："天命之谓性"；"诚者天之道也"；"自诚明谓之性"。周濂溪作《太极图说》："太极生阳生阴生五行生万物，惟人得其秀而最灵。"张横渠作《西铭》，说："乾称父，坤称母，予兹藐焉，乃混然中处；故天地之塞吾其体，天地之帅吾其性。"颇像是哲学。但是《中庸》又说："率性之谓道，修道之谓教。""诚之者人之道也。""自明诚谓之教。"《太极图说》又说："五性感动而善恶分，万事出矣，圣人定之以中正仁义，立人极焉。"《西铭》又说："尊高年所以长其长，慈孤弱所以幼其幼……不愧屋漏为无忝，存心养性为匪懈。"这岂不明明是理学么？说理学的方面多，说哲学的方面绝无而仅有，故《论语》载"子贡曰，夫子之文章，可得而闻也；夫子之言性与天道，不可得而闻也。""季路问事鬼神，子曰：'未能事人，焉能事鬼？''敢问死。'曰：'未知生，焉知死？'"《中庸》载："至诚之道，可以前知……祸福将至，善，必先知之，不善，必先知之，故至诚如神。"而又说："诚者自成也，而道自道也。"说去说来，终觉得理学方面超过哲学方面，这岂不是中国的特色么？如拿西洋的哲学史来比较，什么叫做宗教派，神秘学派，经验派，形而上学派，观念论派，实在论派，直觉论派，功利论派，进化论派，无论怎样说法，天道和人道终究说成两橛，不能合拢一起，怎能和中国理学相提并论呢？

我又敢大胆地说中国以前只有理学，没有甚么叫做科学。曾子作《大学》，有"格物致知章"，可惜其义已亡，朱子取程子意以补之:"所谓致知在格物者,言欲致吾之知,在即物而穷其理也;盖人心之灵,莫不有知,而天下之物,莫不有理,惟于理有未穷,故其知有不尽也;是以《大学》始教,必使学者即凡天下之物,莫不因其已知之理而益穷之,以求至乎其极,至于用力之久,而一旦豁然贯通焉,则众物之表里精粗无不到,而吾心之全体大用无不明矣;此谓物格,此谓知之至也。"吾友黄君他解释格物致知,说:"格物近于现代所谓感觉问题,物格近于现代所谓认识问题,致知近于现代所谓研究问题,知至近于现代所谓解决问题;今试将缗蛮一段为例:'缗蛮黄鸟'——格物,'止于丘隅'——物格,'于止知其所止'——致知,'可以人而不如鸟乎'——知至。再举朱子七绝一首为例:'半亩方塘一鉴开'——格物,'天光云影共徘徊'——物格,'问渠那得清如许'——致知,'为有源头活水来'——知至。比如说日光吧:日光——格物,日光温暖——物格,我们做人,应得如日光的温暖——致知,要使不温暖,便冷酷得不成世界了——知至。再说空气吧。空气——格物,空气清新——物格,人的脑力,应清新如空气——致知,要使不清新,便会变陈腐了——知至。"这两段,都将物字作本义解,前清中学以上,如博物、物理、化学各科,称为格致科,就是此意。不过王阳明以为《大学》八条目是联成一片的,曰"欲",曰"先",曰"在",曰"而后",无论文理和语意,都是"一以贯之"的。所以阳明说"'格物致知',当求诸心,不当求诸物","若我所谓'致知格物'者,致吾心之良知于事事物物也,吾心之良知,即所谓天理也,致吾心良知之天理于事事物物,则事事物物皆得其理矣;致吾心之良知者,致知也,事事物物皆得其理者,格物也,是合心与理而为一者也。"

照这样看来，阳明的解释，比较的说得过去了。但是只有理学，而科学越看越远了。总而言之，中国人和西洋各国人不同，中国人看见乌反哺，羊跪乳，而想到怎样事亲；看见鸿雁行列，而想到怎样敬兄；看见鸳鸯交颈，而想到夫妇爱情怎样；看到迅雷烈风，而想到怎样敬天之怒；看到地震山崩，而想到怎样修省斋戒；他的"格物致知"，是属于理学的。西洋各国人不是这样的：他们看见果子在树上落地，就发明地心引力；看见热水壶盖蒸而掀动，就发明蒸汽机关；看见摩擦生电，就发明电气机关；又从枪炮战争而发明毒气战争、光线战争；从海陆战争，而发明天空战争；他的"格物致知"是属于科学的。双方又怎能相提并论呢？

目 录

代　序 / 1

第一编　绪言 / 1

第二编　上古理学史 / 5

 第一章　三代以前的理学 ································ 7
 第二章　三代的理学 ···································· 11
 第三章　儒家 ·· 16
  第一节　孔子 ······································ 16
  第二节　子思 ······································ 26
  第三节　孟子 ······································ 31
  第四节　荀子 ······································ 40
 第四章　道家 ·· 48
  第一节　老子 ······································ 48
  第二节　杨子 ······································ 57
  第三节　列子 ······································ 63
  第四节　庄子 ······································ 68
 第五章　墨家 ·· 77
  第一节　墨子 ······································ 77

第六章 其他诸家 ························· 86
   第一节 法家诸子 ····················· 86
   第二节 名家诸子 ····················· 91
   第三节 杂家诸子 ····················· 94
第七章 秦代 ····························· 97

第三编 中古理学史 / 99

第一章 两汉理学 ························· 101
   第一节 董仲舒 ······················· 102
   第二节 刘安 ························· 105
   第三节 扬雄 ························· 108
第二章 后汉学术的经过 ··················· 112
第三章 魏晋南北朝隋学术的经过 ············ 115
第四章 唐代学术的经过 ··················· 119
   第一节 韩愈 ························· 120
   第二节 李翱 ························· 123

第四编 近世理学史 / 125

第一章 宋代理学 ························· 127
   第一节 周敦颐 ······················· 128
   第二节 邵雍 ························· 132
   第三节 张载 ························· 135
   第四节 程颢 ························· 141
   第五节 程颐 ························· 147
   第六节 程学后继 ····················· 155
   第七节 朱熹 ························· 162
   第八节 朱子门人 ····················· 168

第九节　陆九渊 …………………………………… 169
  第十节　陆子门人 ………………………………… 173
  第十一节　浙东独立学派 ………………………… 175
  第十二节　朱学后继 ……………………………… 177
第二章　元代理学 …………………………………… 179
第三章　明代理学 …………………………………… 184
  第一节　守仁以前的明儒 ………………………… 185
  第二节　王守仁 …………………………………… 187
  第三节　守仁同时的学说 ………………………… 193
  第四节　王子门人 ………………………………… 195
第四章　清代理学 …………………………………… 199

[第一编] 绪言

什么叫做理学？就是从古至今一般人说的性理之学。汉人治经，专讲训诂，无所谓理学；到了两宋时代，方才疏明其道理，然后有理学的名称；但以历史的眼光观察，应当从上古时代说起：《左传》楚左史倚相能读《三坟》、《五典》、《八索》、《九丘》，称为良史；《三坟》就是三皇的书，就是伏羲、神农、黄帝的书。《五典》就是五帝的书，就是金天氏、颛顼氏、帝喾氏、陶唐氏、有虞氏的书。《八索》就是八卦书，就是夏的《连山》、商的《归藏》、周的《周易》。《九丘》就是《九州志》，就是《禹贡》。但是上古之事，荒略而不可考；太史公说得好："学者多称五帝，尚矣，然《尚书》独载尧以来，而百家言黄帝，其文不雅驯，荐绅先生难言之。孔子所传宰予问五帝德及帝系姓，儒者或不传。"可见引证古典，亦非容易的事；只有《尚书·大禹谟》所载："人心惟危，道心惟微，惟精惟一，允执厥中。"《仲虺之诰》所载："王懋昭大德，建中于民，以义制事，以礼制心，垂裕后昆。"《汤诰》所载："惟皇上帝降衷于下民，若有恒性；克绥厥猷惟后。"就是讲中的心传，就是讲心性的根源，不过后人以《大禹谟》、《仲虺之诰》、《汤诰》等疑为伪《尚书》，那岂不是很难研究么？所以编辑《中国理学史》，第一要辨明真伪；第二要取客观的态度。

怎叫辨明真伪？即如《尚书》分《古文尚书》和《今文尚书》两种；《古文尚书》，在汉景帝时得于孔宅壁中为蝌蚪文；西晋乱作，书复散佚；东晋元帝时，梅赜上《古文尚书》，历代信以为真；直至清阎若璩作《古文尚书疏证》八卷，方辨明为伪造。《今文尚书》为汉文帝时济南伏生所口授，晁错所笔述，共二十九篇，为汉隶书，故有今文名称；惟《今文尚书》亦不尽可靠。扬雄说："虞夏之书浑浑尔，商书灏灏尔，周书噩噩尔。"韩愈说："上规姚姒，浑浑无涯，周《诰》殷《盘》，佶屈聱牙。"所以除了浑浑灏灏噩噩和佶屈聱牙以外，大都是真伪不易辨的。《易》、《诗》、《春秋》为孔子以前的书；然伏羲画八卦，作重卦（六十四卦）；文王作卦辞；周公作爻辞；孔子作十翼；后人皆以为有疑义。《春秋》已非鲁《春秋》，乃孔子所笔削的。《春秋》、《诗经》及《仪礼》虽皆原文，但《周礼》和《礼记》亦均不可靠，《周礼》非周公所作，或出战国。《礼记》一书，所记义理，纯驳交混，异同实多。此外如《尔雅》和《周髀算经》，亦非周公所作，《素问》和《灵枢》，为战国人所作。《阴符经》、《六韬》全系伪书。《山海经》为古代神话书。《神农本草》为汉以后人作。诸子书中，如《管子》、《晏子春秋》、《邓析子》、《列子》、《商君书》、《吴子》、《尉缭子》、《鹖冠子》、《鬼谷子》等，皆为后人所伪造。而《老子》、《墨子》、《庄子》、《孟子》、《荀子》、《尹文子》、《慎子》、《公孙龙子》、《韩非子》、《孙子》、《尸子》等，则为真本无疑。欲研究古代理学史，不可不辨明真伪，这是入手的第一步。

怎叫要取客观的态度？就是说研究理学史，要以客观的态度去研究；而不当加以丝毫主观的态度。庄子说："天下非公是也。""彼亦一是非，此亦一是非。"韩愈说："不入于杨，则入于墨；不入于老，则入于佛；入者主之，出者奴之。入者附之，出者污之。"可知一有主观，即不能研究理学史，亦即不能编辑理学史；要以公平超脱纯一无伪不偏不倚的态度出之，方有历史的价值编辑的资格。

[第二编] 上古理学史

第一章　三代以前的理学

（一）伏羲　伏羲的事迹，只有《易系辞传》所载尚靠得住，说道："古者包牺氏之王天下也，仰则观象于天；俯则观法于地，观鸟兽之文与地之宜，近取诸身，远取诸物，于是始作八卦，以通神明之德，以类万物之情。作结绳而为网罟，以佃以渔，盖取诸《离》。"《乾凿度》说："八卦之形为文字。"☰就是古文的天字。☷就是古文的地字。☴就是古文的风字。☶就是古文的山字。☵就是古文的水字。☲就是古文的火字。☳就是古文的雷字。☱就是古文的泽字。八卦既然就是文字，那末说八卦就是理学的根本，当然是可以的，不过欧阳修说得好："《系辞》曰：'河出图，洛出书，圣人则之。'所谓图者，八卦之文也；神马负之而由河出以授伏羲者，盖八卦非人之所为，是天之所降也。又曰：'包牺氏之王天下也，仰则观象于天，俯则观法于地，观鸟兽之文与地之宜，于是始作八卦。'然则八卦是人之所为也，河图无与，斯二说者已不能相容；而《说卦》又曰：'昔者圣人之作《易》也，幽赞于神明而生蓍，参天两地而倚数，观变于阴阳而立卦。'则卦又由蓍出，八卦之说如是，是果何从而出耶？此三说谓由一人出，则殆非人情也。"欧阳修的言论，很有趣味。

（二）神农　神农的事迹，亦以《易系辞传》所载为靠得住，说道："包牺氏没，神农氏作，斫木为耜，揉木为耒，耒耨之利以教天下，盖取诸《益》。日中为市，致天下之民，聚天下之货，交易而退，各得其所，盖取诸《噬嗑》。"这就是农业商业的起源；后世农家者流，创并耕的学说，都以神农为护符。《孟子》所载有为神农之言者《许行》一章，可以参考；而《论语》所载《樊迟请学稼》一章，亦与农家学说颇有关系。

（三）黄帝　黄帝的事迹，亦以《易系辞传》所载为靠得住，说道："神农氏没，黄帝尧舜氏作，通其变，使民不倦，神而化之，使民宜之，《易》穷则变，变则通，通则久，是以自天祐之，吉，无不利；黄帝尧舜垂衣裳而天下治，盖取诸《乾》、《坤》。刳木为舟，剡木为楫，舟楫之利，以济不通，致远以利天下，盖取诸《涣》。服牛乘马，引重致远，以利天下，盖取诸《随》。重门击柝，以待暴客，盖取诸《豫》。断木为杵，掘地为臼，臼杵之利，万民以济，盖取诸《小过》。弦木为弧，剡木为矢，弧矢之利，以威天下，盖取诸《睽》。上古穴居而野处，后世圣人易之以宫室，上栋下宇，以待风雨，盖取诸《大壮》。古之葬者，厚衣之以薪，葬之中野，不封不树，丧期无数，后世圣人易之以棺椁，盖取诸《大过》。上古结绳而治，后世圣人易之以书契，百官以治，万民以察，盖取诸《夬》。"前说八卦是理学的根本，那末书契当然是理学的根本，可以无疑了。

汉孔安国《尚书序》说："古者伏羲氏之王天下也，始画八卦，造书契，以代结绳之政，由是文籍生焉；伏羲神农黄帝之书，谓之《三坟》，言大道也。少昊颛顼高辛唐虞之书，谓之《五典》，言常道也。……八卦之说，谓之《八索》，求其义也。九州之志，谓之《九丘》，丘，聚也；言九州所有，土地所生，风气所宜，皆聚此书也。《春秋左氏传》曰：楚左史倚相能读《三坟》、《五典》、《八索》、《九丘》，即谓上世帝王遗书也。"又汉许慎《说文序》说："古者包牺氏……始作《易》八卦以垂宪象；及神农氏结绳为治而统其事，庶业其繁，饰伪萌生；黄帝之史仓颉，见鸟兽蹄迒之迹，知分理之可相别异也，初造书契，百工以乂，万品以察，盖取诸《夬》；《夬》，扬于王庭；言文者宣教明化于王者朝廷，君子所以施禄及下居德则忌也；仓颉之初作书，盖依类象形，古谓之文；其后形声相益，即谓之字；文者物象之本，字者言孳乳而浸多也。"照二说看来，书契究为伏羲所造？抑为黄帝所造？是不可不辨明的。我的见解，伏羲是造八卦文的，黄帝的臣仓颉是造书契的，那是无用怀疑了。

（四）尧　尧的事迹，当然要依据《尚书·尧典》了，《尧典》说："曰若稽古，帝尧曰放勋。钦明文思安安；允恭克让，光被四表，格于上下；克明俊德，以亲九族，九族既睦；平章百姓，百姓昭明；协和万邦，黎民于变时雍。"这与《大学》所说"身修而后家齐，家齐而后国治，国治而后天下平"，孟子所说"亲亲而仁民"，"天下之本在国，国之本在家，家之本在身"相仿佛。《尧典》又说："帝曰：'畴咨若时登庸？'放齐曰：'胤子朱启明。'帝曰：'吁！嚚讼可乎？'""帝曰：'咨！四岳，朕在位七十载，汝能庸命巽朕位？'岳曰：'否！德忝帝位。'师锡帝曰：'有鳏在下，曰：虞舜。'帝曰：'俞！予闻如何？'岳曰：'瞽子，父顽，母嚚，象傲，克谐以孝；烝烝乂不格奸。'帝曰：'我其试哉？''女于时，观厥刑于二女，釐降二女于妫汭，嫔于虞。'帝曰：'钦哉！'"这就是说能官天下以位让贤的当首推尧，而贤的标准当首推孝；

后世说"孝为百行之先",恐就是唐虞时代所发起的吧?

（五）舜　舜的事迹,当然也要依据《尚书》了,《舜典》说:"曰若稽古,帝舜曰重华。协于帝；濬哲文明,温恭允塞,玄德升闻,乃命以位。"这就是说舜有濬哲文明温恭允塞四样的德性。《舜典》又说:"帝曰:'契：百姓不亲,五品不逊,汝作司徒,敬敷五教,在宽。'"这就是中国平民教育的起源,也就是伦理教育的起源。《舜典》又说"帝曰:'皋陶：蛮夷猾夏,寇贼奸宄,汝作士,五刑有服,五服三就,五流有宅,五宅三居,惟明克允。'"这就是中国法学的起源,也就是法家者流的起源。《舜典》又说:"帝曰:'夔：命汝典乐,教胄子,直而温,宽而栗,刚而无虐,简而无傲,诗言志,歌永言,声依永,律和声,八音克谐,无相夺伦,神人以和。'夔曰:'于！予击石拊石,百兽率舞。'"这就是中国贵胄教育的起源,也就是音乐教育的起源。不过所说蛮夷猾夏的夏字颇有疑问,因中夏的名号,根据于夏代,为什么在《虞舜》的语调中有猾夏的字样呢?

第二章　三代的理学

　　尧舜相传的大道，就是一中字；《论语》载："尧曰：'咨！尔舜：天之历数在尔躬，允执其中，四海困穷，天禄永终。'舜亦以命禹。"所以《大禹谟》载舜命禹的话："予懋乃德，嘉乃丕绩，天之历数在汝躬，汝终陟元后。人心惟危，道心惟微，惟精惟一，允执厥中。"又舜命皋陶："汝作士，明于五刑，以弼五教，期于予治，刑期于无刑，民协于中，时乃功，懋哉！"而《戴记·中庸》载孔子赞舜的话："舜其大知也与？舜好问，而好察迩言，隐恶而扬善，执其两端，用其中于民，其斯以为舜乎？"下至汤武，秉承中道，所以《仲虺之诰》载："王懋昭大德，建中于民，以义制事，以礼制心。"孟子亦说："汤执中，立贤无方。"又箕子陈《洪范》于周武王九畴中第五为皇极，就是立中之道，所以说"无偏无陂，遵王之义；无有作好，遵王之道；无有作恶，遵王之路；无偏无党，王道荡荡；无党无偏，王道平平；无反无侧，王道正直；会其有极，归其有极。"所以程子解释《中庸》的中字，说："不偏之谓中，中者天下之正道。"朱子解释说："中者无过不及之名。"这都是皇极的绝妙注解。现在再将夏殷周关于理学的话分别说明。

（一）夏 《易系辞》说："河出图，洛出书，圣人则之。"所说河出图就是八卦，前章已说明，而洛出书就是九畴。《洪范》说："天乃锡禹洪范九畴。"颇近神话，九畴中天道人道靡不毕备，如"初一曰五行；次二曰敬用五事；次三曰农用八政；次四曰协用五纪；次五曰建用皇极；次六曰乂用三德；次七曰明用稽疑；次八曰念用庶征；次九曰向用五福；威用六极。"现除天地阴阳物理等不再述外，关于政治伦理的，如"二、五事：一曰貌，二曰言，三曰视，四曰听，五曰思。貌曰恭，言曰从，视曰明，听曰聪，思曰睿。恭作肃，从作乂，明作哲，聪作谋，睿作圣。""三、八政：一曰食，二曰货，三曰祀，四曰司空，五曰司徒，六曰司寇，七曰宾，八曰师。""五、皇极：皇建其有极。""六、三德：一曰正直，二曰刚克，三曰柔克。平康正直……沈潜刚克，高明柔克。"这与《易》的哲理先后辉映，所以河图和洛书同为古代宝贵的灵物，不过河图尚有孔子"河不出图"的言论以为证明，至洛书则除系辞"洛出书"以外，无他说可参考；那末"天乃锡禹洪范九畴"，怎和洛书发生关系呢？

禹的圣德，除《夏书》所载外，尚有《论语》所载孔子的言论，如"子曰：'巍巍乎！舜禹之有天下也，而不与焉。'""子曰：'禹：吾无间然矣，菲饮食而致孝乎鬼神，恶衣服而致美乎黻冕，卑宫室而尽力乎沟洫。禹：吾无间然矣。'"又庄子《天下篇》载："墨子称道曰：'昔者禹之湮洪水决江河而通四夷九州也，名山三百，支川三千，小者无数，禹亲自操橐耜而九杂天下之川，腓无胈，胫无毛，沐甚雨，栉疾风，置万国；禹大圣也，而形劳天下也如此；使后世之墨者多以裘褐为衣，以跂蹻为服，日夜不休以自苦为极，曰不能如此，非禹之道也。'"这样看来，夏禹为儒家墨家共同称道；他在理学上的价值，亦可想而知了。

（二）商　商汤执中建中，前文已说明，此外《尚书》所载的，如《仲虺之诰》说："惟王不迩声色，不殖货利，德懋懋官，功懋懋赏，用人惟己，改过不吝，克宽克仁，彰信兆民。"《伊训》说："先王肇修人纪，从谏弗咈，先民时若，居上克明，为下克忠，与人不求备，检身若不及。"《太甲篇》载伊尹说："先王昧爽丕显，坐以待旦，旁求俊彦，启迪后人。"汤的圣德可见一斑。《伊训》又说："敢有恒舞于宫，酣歌于室，时谓巫风。敢有殉于货色，恒于游畋，时谓淫风。敢有侮圣言，逆忠直，远耆德，比顽童，时谓乱风。惟兹三风十愆，卿士有一于身，家必丧；邦君有一于身，国必亡。"这种赤裸裸的危言，真正不可多得；且与中国社会最近浇风薄俗尤有关系，研究理学史的不可不读。又说："圣谟洋洋，嘉言孔彰，惟上帝不常，作善降之百祥；作不善降之百殃。"又《太甲》载："伊尹申诰于王曰：ّ呜呼！惟天无亲，克敬惟亲；民罔常怀，怀于有仁；鬼神无常享，享于克诚；天位艰哉！德惟治，否德乱。与治同道罔不兴，与乱同事罔不亡。终始慎厥与，惟明明后。……若升高，必自下；若陟遐，必自迩。无轻民事惟难，无安厥位惟危，慎终于始；有言逆于汝心，必求诸道；有言逊于汝志，必求诸非道。ّ"又《咸有一德》载伊尹告太甲言："非天私我有商，惟天佑于一德，非商求于下民，惟民归于一德；德惟一，动罔不吉；德二三，动罔不凶。……德无常师，主善为师；善无常主，协于克一。"这种露筋露骨的训话，只有伊尹办得到。孟子说得好："伊尹圣之任者也。"又载："伊尹曰：ّ天之生此民也，使先知觉后知，使先觉觉后觉也；予天民之先觉者也，予将以此道觉此民也，非予觉之而谁也？思天下之民，匹夫匹妇，有不被尧舜之泽者，若己推而内之沟中。'其自任以天下之重如此。"伊尹能这样的负责任，所以能说这样的话；确是中国历史上的荣誉，亦是中国理学史上不可多得的人物。

（三）周　周武王克商后，访问箕子以天道，箕子就将夏禹的《洪范》陈说。《尚书·洪范》说："惟十有三祀，王访于箕子，王乃言曰：'呜呼！箕子惟天阴骘下民，相协厥居，我不知其彝伦攸叙。'箕子乃言曰：'我闻在昔，鲧堙洪水，汩陈其五行，帝乃震怒，不畀洪范九畴，彝伦攸致；鲧则殛死，禹乃嗣兴，天乃锡禹洪范九畴，彝伦攸叙。'"这说颇像神话。还有五行五事八政五纪皇极的等话，上文已载明，不必另述。此外如《旅獒》篇载召公戒武王言："德盛不狎侮，狎侮君子，罔以尽人心；狎侮小人，罔以尽其力。不役耳目，百度惟贞；玩人丧德，玩物丧志；志以道宁，言以道接；不作无益害有益，功乃成；不贵异物贱用物，民乃足；犬马非其土性不畜，珍禽奇兽不育于国；不宝远物则远人格，所宝惟贤则迩人安。呜呼！夙夜罔或不勤，不矜细行，终累大德；为山九仞，功亏一篑。"这也是理学史有价值的言论。而周公制礼尤为重要。《戴记·中庸》说："大哉圣人之道！洋洋乎！发育万物，峻极于天。优优大哉！礼仪三百，威仪三千。待其人而后行。"朱子解释礼仪为经礼，威仪为曲礼。《中庸》又载孔子说："吾说夏礼，杞不足征也；吾学殷礼，有宋存焉；吾学周礼，今用之，吾从周。"可知孔子服从周礼，就是服从周公，所以孔子在壮盛的时候，常常梦见周公；故《论语》载孔子说："甚矣，吾衰也！久矣吾不复梦见周公。"又贾公彦《仪礼疏序》说："《周礼》、《仪礼》，发源是一；理有终始，分为二部；并是周公摄政之书，《周礼》为末，《仪礼》为本。《仪礼疏》曰：'《周礼》言周不言仪,《仪礼》言仪不言周,既同是周公摄政六年所制,题号不同者,《周礼》取别夏殷故言周,《仪礼》不言周者,欲见兼有异代之法,盖《仪礼》……兼夏殷也。'"周公制礼,比较夏殷二代尤为复杂,后世往往讥为繁文缛节,不过观中国一部历史,法治究竟不及礼治,所以周家八百年天下为历代所无;是理学一端,不特可以诚意正心修身齐家,直可以治国平天下,其价值可知。

第三章 儒家

第一节 孔子

（一）孔子的事绩 孔子的事绩，传说很多，但《家语》、《孔丛子》等书，材料虽很丰富，却不可靠；现在只有将《史记·孔子世家》作底本，比较的可靠些。"孔子名丘字仲尼，生于周灵王二十一年，即鲁襄公二十二年。及长为委吏，料量平，为司职吏，畜蕃息，适周问礼于老子，既反，而弟子益进。昭公二十五年，季氏逐昭公，孔子避乱适齐，齐景公欲封以尼溪之田，晏婴不可，遂行，反鲁。定公元年，季氏强僭，家臣阳虎作乱专政，孔子不仕，退修《诗》《书》《礼》《乐》，弟子弥众。九年，定公以孔子为中都宰，继为司空，又为大司寇；十年，孔子相定公会齐侯于夹谷，齐人归鲁侵地；十三年，孔子摄行相事，诛少正卯，与闻国政，三月，鲁国大治，齐人归女乐以沮之，季桓子受之，郊又不致膰俎于大夫，孔子行，适卫；十四年，孔子自卫适陈，过匡，匡人以为阳虎而拘之，既解，还卫；十五年，孔子去卫适宋，司马桓魋欲杀之，适郑，至陈主司城贞子家。哀公二年，孔子自陈反卫，将西见赵简子，至河而反，主蘧伯玉家，灵公问陈，不对而行，复如陈；四年，孔子如蔡；六年，自蔡如楚，绝粮于陈蔡之间；至楚，楚昭王将以书社地封孔子，令尹子西不可，乃止；又反乎卫，卫君辄欲得孔子为政；十一年，孔子自卫反鲁，年已六十八矣，鲁终不能用，乃叙《书》传《礼》删《诗》正《乐》赞《易》序《彖》、《系》、《象》、《说卦》、《文言》，弟子盖三千焉，身通六艺者七十二人；十四年，鲁西狩获麟，孔子作春秋；十六年，孔子卒，年七十三，葬鲁地北泗上，弟子皆服心丧三年而去，惟子贡庐冢六年。孔子生鲤，先卒，鲤生伋，字子思，作《中庸》。"

（二）孔子的著作　孔子一生的大著作，就是《六经》，但是《诗》、《书》是删的，《礼》、《乐》是定的，《周易》是赞的，《春秋》是修的，都不是孔子的创作。他尝自说"述而不作，信而好古"，《中庸》也称他"祖述尧舜，宪章文武"，可见孔子的著作，只是把旧有的材料，整理一番罢了。不过这整理的工作，非有绝大的才学，绝大的识见，万万不能着手，换句话说，就是只有孔子有这样的本领。而孔子天纵圣智，竟后无来者，又好像尧舜以来的大经大法，专生孔子做一个结束一般，因此孔子可称为集大成；几千年来推崇孔子的都是这样说，现将梁任公所论孔子的《六经》记下。（一）《礼》　《礼》经就是《仪礼》十七篇（经礼三百，曲礼三千，其书已无可考）。这十七篇，都是讲的仪注，大约是一种官书，像唐的《开元礼》、清的《大清通礼》一般，内中未必有孔子手笔。孔子教人大概是一面习这些礼仪，一面讲礼的精意，散在《礼记》、《论语》等书内；至于这部《礼经》，不见得有甚么改订。（二）《诗》与《乐》　《史记·孔子世家》

称："古者《诗》三千余篇，孔子去其重，取可施于礼义。……故曰《关雎》之乱以为《风》始，《鹿鸣》为《小雅》始，《文王》为《大雅》始，《清庙》为《颂》始，三百五篇，孔子皆弦歌之，以求合《韶》、《武》、《雅》、《颂》之音。"据此，像古《诗经》孔子删去的很多。然《左传》所载朝聘燕享皆有赋诗，所赋的诗，在今本三百五篇以外的甚少；吴季札聘鲁听乐，所听亦不出今本《国风》。此皆在孔子以前，可见当时通行的《诗》，不外此数。或者孔子把他分类，立出《风》、《雅》、《颂》等名目；或者把次序有些改正，至于诗篇，怕未必有什么损益。故我说孔子的功劳，不在删《诗》而在正《乐》。《诗》、《书》、《礼》、《乐》，《戴记·王制》称为"四术"，《史记》称孔子以《诗》、《书》、《礼》、《乐》教弟子，而《论语》雅言只有《诗》、《书》执《礼》，并不言《乐》；《乐》与《诗》相依，离《诗》无《乐》，离《乐》无《诗》。所以《乐》就是乐谱，并未有经。《论语》："子曰：'吾自卫反鲁，然后《乐》正，《雅》《颂》各得其所。'"可见正《乐》即是正《诗》。《史记》说："皆弦歌之，以求合《韶》、《武》、《雅》、《颂》之音。"解说得最明白。大概孔子极好音乐而且极精，他在齐闻《韶》，三月不知肉味（《论语》）；他从师襄学鼓琴，因曲推到数，因数推到志，因志推到为人（《史记·孔子世家》）；他能教导老乐官太师挚（《论语》），可见他音乐的天才和造诣不同寻常。从前的《诗》，是否都能入《乐》，不敢断定；但这三百五篇，孔子一定都把它谱出来，或者从前旧谱有不对的，都把它改正，所以说"然后《乐》正，《雅》《颂》各得其所。"庄子说："诵《诗》三百，歌《诗》三百，弦《诗》三百，舞《诗》三百。"可见篇篇《诗》不惟能诵，而且能歌能弦能舞；孔子的精力用在这里边实在不少。他把《诗》《乐》正定之后，自己很得意，他说："《师挚》之始，《关雎》之乱，洋洋乎盈耳哉。"（《论语》）很有踌躇满志的口气。《诗》《乐》之教，是孔门最重的功课，拿现在的话来讲，就是"文学音乐合为一体，用作教育基本"。所以他的弟子子游做武城宰，就把全城都闹起弦歌之声来（《论语》）。这就是《乐》教，也就是《诗》教。可惜后世《乐》谱失传，我们只能诵《诗》，不能弦《诗》歌《诗》舞《诗》了。孔子在《诗经》上所费的精力，我们得不到多少，所以现在这部《诗经》，只能当作研究古代社会情状的资料，不能当作研究孔子学说的资料。（三）《书》　《尚书纬》说："孔子求得黄帝元孙帝魁之书，迄于秦穆公，凡三千二百四十篇，断远而定近，可以为世法者百二十篇。"此说虽不甚可信，但《书经》总许是孔子从许多古书里头删选出来。因为子书中常引《商志》、《周志》、《商书》、《周书》等文，非今本所有；就是现存这部《逸周书》，也不见是后人伪造，大概是孔子删剩下来的了。现存《尚书》二十八篇，是否孔子的足本，尚难断定；但我们从他分别去取里面，也可以推见孔子学说的一部分，即如他拿《尧典》做第一篇，一定不是毫无意义的。司马迁说"学者多称五帝尚矣，而《尚书》独载尧以来"，孔子把古代神话一笔勾消，就是他的特识。此外《尚书》的文字，或者还有许多经孔子润色过。所以研究孔子学说，这部书很应留意。（四）《易》　《诗》、《书》、《礼》、《乐》，都可以说孔子述而不作，《易经》总算述而作，《春秋》便作不述了。现存的《易经》，除《卦辞》、《爻辞》为孔子以前旧本外，其他皆孔子所作。内六十四条《象辞》，六十四条《卦象辞》，三百八十四条《爻象辞》，完全是孔子亲笔做的，毫无疑义。还有两篇《文言》，两篇《系辞》，一篇《说卦》，据《史记》说都是孔子自著，但《文言》、《系辞》里面有许多"子曰"，又像是弟子所记，至于《说卦》和《序卦》、《杂卦》这三篇，恐怕有点靠不住。要之《彖传》、《象传》、《系辞》、《文言》，我们总应该认为孔子的《易》学，这是孔子哲学的中坚，研究孔子学说最要紧的资料。（五）《春秋》 孟子说："孔子惧，作《春秋》。"现行这部《春秋》，完全是孔子作的，但他的底本仍因《鲁史》，所以说他是述亦未尝不可。《春秋》是一部极奇怪的书，孔子的政治理想都在里面，自然也是研究孔子学说最要紧的资料。除《六经》以外，孔子别无著作。汉人说《孝经》是孔子所作，《孝经》开卷两句是"仲尼居，曾子侍"，即此可见不惟不是孔子所作，并不是曾子所作了。宋人更说《大学》是孔子所作，那更毫无凭据，不必深辩。

（三）孔子的言行 读《论语》，应知孔子是好学的，如"吾十有五而志于学"，"述而不作，信而好古"，"加我数年，五十以学《易》，可以无大过"，"我非生而知之者，好古敏以求之者也"，"其为人也，发愤忘食，乐以忘忧，不知老之将至"等语是。应知孔子是谦逊的，如"默而识之，学而不厌，诲人不倦，何有于我哉"，"德之不修，学之不讲，闻义不能徙，不善不能改，是吾忧也"，"丘也幸苟有过，人必知之"，"若圣与仁则吾岂敢"，"吾少也贱，故多能鄙事君子，多乎哉，不多也"，"吾有知乎哉？无知也，有鄙夫问于我，空空如也"等语是。应知孔子是乐天知命的，如"富而可求也，虽执鞭之士吾亦为之，如不可求，从吾所好"，"饭疏食饮水，曲肱而枕之，乐亦在其中矣。不义而富且贵，于我如浮云"，"天生德于予，桓魋其如予何"，

"天之未丧斯文也,匡人其如予何","君子固穷,小人穷斯滥矣","不怨天,不尤人,下学而上达,知我者,其天乎"等语。应知孔子是以天下为己任的,所以说"苟有用我者,期月而已可也,三年有成","如有用我者,吾其为东周乎","吾岂匏瓜也哉,焉能系而不食"等话。又晨门说"是知其不可而为之者与",荷蒉说"莫己知也,斯己而已矣",接舆说"凤兮凤兮,何德之衰",长沮说"是知津矣",桀溺说"滔滔者,天下皆是也,而谁以易之",丈人说"四体不勤,五谷不分"等语。应知孔子是大教育家,颜渊说"夫子循循然善诱人,博我以文,约我以礼",又孔子说"温故而知新,可以为师矣",是讲教师的预备工夫。"中人以上,可以语上也,中人以下,不可以语上也",是研究学生的程度。"不愤不启,不悱不发,举一隅不以三隅反,则不复也",是合于现在的三段或五段教学法。"无行不与","予欲无言",是自动主义的教育。"求也退,故进之;由也兼人,故退之",是因材施教的方法。"有教无类",是普及教育。"譬诸草木区以别矣",是分级教授。他讲孝道各各不同,如对孟懿子问孝,是矫三家僭礼的论调;对孟武伯问孝,是警戒纨绔子弟纵欲违生的口吻;对子游子夏问孝,是说士的孝道。他答弟子问仁,也是因材施教的,如颜渊有志为邦,就答他"克己复礼,天下归仁";仲弓可使南面,就答他"出门如见大宾,使民如承大祭";司马牛多言而躁,就答他"仁者,其言也讱";子贡悦不若己者,就答他"事其大夫之贤者,友其士之仁者"。应知孔子是大卫生家,如"亵裘长,短右袂","必有寝衣,长一身有半","狐貉之厚以居","食不厌精,脍不厌细","食饐而餲,鱼馁而肉败不食,色恶不食,臭恶不食,失饪不食,不时不食","沽酒市脯不食","不多食",

"食不语，寝不言"，"祭肉不出三日，出三日不食之矣"等语是。

（四）孔子的仁说　孔子论仁的方面甚多，实在不可捉摸。他以为仁就是礼，所以说"克己复礼为仁"。仁就是敬、恕，所以说"出门如见大宾，使民如承大祭。己所不欲，勿施于人"。仁就是恭、敬、忠，所以说"居处恭，执事敬，与人忠。虽之夷狄，不可弃也"。仁就是刚、毅、木、讷，所以说"刚毅木讷近仁"。仁就是恭、宽、信、敏、惠，所以说"恭则不侮，宽则得众，信则人任焉，敏则有功，惠则足以使人"。仁之道大，为之也难；所以子文之忠，陈文子之清，不得谓仁；子路之治赋，冉求之为宰，公西华之与宾客言，不得谓仁；然而他方面又若甚易，如"有能一日用其力于仁矣乎？我未见力不足者"；"我欲仁，斯仁至矣"；"能近取譬，可谓仁之方也已"等话是。他又说"仁者杀身成仁"，所以如伯夷叔齐之饿死，称为"求仁得仁"；然如管仲之不死子纠，仍称为"如其仁，如其仁"；微子、箕子、比干之行各不同，亦称为殷有三仁；说仁的话头，千变万化，全在学者自己去理会他，大抵孝弟为仁之本，所以有若说"君子务本，本立而道生"；而忠恕为仁之实，所以告曾参说"吾道一以贯之"。

（五）孔子的德治说　孔子与人谈政治问题，亦往往因人而施，如鲁国政在三家，孔子告哀公以"举直错诸枉，则民服，举枉错诸直，则民不服"。季氏僭窃专政，孔子告以"政者正也，子帅以正，孰敢不正"，"苟子之不欲，虽赏之不窃"，"子为政焉用杀，子欲善而民善矣"等的话。叶地小民贰，孔子告叶公以"近者悦，远者来"。子路勇于任事，不能持久，孔子告以"无倦"。子夏笃信谨守，规模狭隘，孔子告以"无欲速，无见小利，欲速则不达，见小利则大事不成"。子游喜以礼乐为教，孔子告以"君子学道则爱人，小人学道则易使也"。仲弓有人君之度，孔子告以"先有司，赦小过，举贤才"。颜渊有王佐之才，孔子告以"行夏之时，乘殷之辂，服周之冕，乐则《韶》舞"。孔子以为德治最盛的时代，莫如陶唐、虞夏，故说"巍巍乎舜禹之有天下也，而不与焉"，又说："大哉尧之为君也，巍巍乎惟天为大，惟尧则之，荡荡乎民无能名焉，巍巍乎其有成功也，焕乎其有文章。"德治的反面为法治，是孔子所反对的，因此说"道之以政，齐之以刑，民免而无耻"，"听讼吾犹人也，必也使无讼乎"等话。孔子深爱和平，因此说："善人为邦百年，亦可以胜残去杀矣。"孔子痛恶聚敛，因此说："有国家者，不患寡而患不均，不患贫而患不安。"种种说法总不脱"为政以德"、"道之以德"的口气。

（六）孔子的观人法　孔子说："视其所以，观其所由，察其所安，人焉廋哉。"又说："吾之于人也，谁毁谁誉？如有所誉者，其有所试矣。"这就是孔子的观人法。孔子的观人，不但对于时人和门弟子，还有一种普通称谓的君子小人，如"君子周而不比，小人比而不周"，"君子和而不同，小人同而不和"，"君子泰而不骄，小人骄而不泰"，"君子喻于义，小人喻于利"，君子小人种种相反的论调，究竟君子小人怎样分别，只要从相反的方面去观察去论断，便可不爽秋毫；如地位的相反，人品的相反，做事的相反是。《朱注》"君子为有德位之通称"，那么就可以知小人为无德位之通称了。又说"君子谓在上之人"，那么就可知小人是细民了。但是书中哪一章是指在上之君子，哪一章是指有德位之君子，哪一章是指细民的小人，哪一章是指无德位之小人，全要自己去体会。譬如读"君子贤其贤而亲其亲，小人乐其乐而利其利"句，就应当知道是说有位无位者的。读到"君子喻于义，小人喻于利"、"君子怀德，小人怀土"、"女为君子儒，毋迷小人儒"等句，就应当知道是说有德无德者的。还有单称君子或单称小人的去处，那就读书时要格外注意，如"君子笃于亲，则民兴于仁"，"君子之道，本诸身，征诸庶民……"，"故君子有不战，战必胜矣"等句，就是指有位者说。如"君子不重则不威，学则不固"，"君子食无求饱，居无求安"，"君子耻其言而过其行"，"君子有三戒"，"君子有三畏"，"君子有九思"，"君子之过如日月之食"等句，就是指有德者说。如"小人哉，樊须也"句，就是指无位者说。如"小人之过也，必文"句，就是指无德者说。有人说"君子这名辞和英语的 Gentlemen 最相类"，这话虽似有理，但英语用此名词的去处很多，或且成了男子的通称，那就不能代表孔子所称的君子了。

（七）孔子的人格　1. 属于智的孔子说："我非生而知之者，好古敏以求之者也。"又说："十室之邑必有忠信如丘者焉，不如丘之好学也。"韩愈说："圣人无常师，孔子师郯子、苌弘、师襄、老聃，郯子之徒，其贤不及孔子，孔子曰：'三人行，必有我师。'"可见孔子好学不倦、从师领教的精神。孔子又说："学而时习之，不亦说乎？""学如不及，犹恐失之。""学之不讲，是吾忧也。""吾十有五而志于学。""平地虽复一篑，进，吾往也。""其为人也，发愤忘食。""加我数年，五十以学《易》。"可见孔子直以学问为第二生命。2. 属于情的孔子最富情感，《论语》载"子食于有丧者之侧，未尝饱也"，"子于是日哭，则不歌"，"子见齐衰者，虽狎必变"，"凶服者式之"，"朋友死，无所归，曰'于我殡'"，"孔子在卫，遇旧馆人之丧，入而哭之哀"，"颜渊死，子哭之恸"，"子路死于卫，孔子命覆醢"，

"仲尼之畜狗死，使子贡埋之"，可见孔子最易触动情感，且救世的热肠亦不可及，他说："鸟兽不可与同群，吾非斯人之徒与而谁与？天下有道，丘不与易也。"《仪》封人说："天下之无道也久矣，天将以夫子为木铎。"晨门说："是知其不可而为之者与？"可见孔子忧世忧民的志愿，在他人亦能领略。又孔子对于美的情感亦极盛，如"子谓《韶》尽美矣，又尽善也；谓《武》尽美矣，未尽善也"，"子在齐闻《韶》，三月不知肉味，曰'不图为乐之至于斯也'"，"子与人歌而善，必使反之，而后和之"，"师挚之始，《关雎》之乱，洋洋乎盈耳哉"，"孔子绝粮陈蔡，七日而弦歌之声不辍"，这就是孔子对于音乐的情感。又说："知者乐水，仁者乐山。"又曾点言志说："莫春者，春服既成，冠者五六人，童子六七人，浴乎沂，风乎舞雩，咏而归。"夫子喟然叹曰："吾与点也。"这就是孔子对于景物的情感。总之孔子是极富于情感的。3. 属于意的 孔子不但富于智识和感情，并且富于意志。他说："见义不为无勇也。""三军可夺帅也，匹夫不可夺志也。""仁者必有勇。""志士仁人无求生以害仁，有杀身以成仁。""自反而不缩，虽褐宽博，吾不惴焉；自反而缩，虽千万人，吾往矣。""君子和而不流，强哉矫！中立而不倚，强哉矫！国有道，不变塞焉，强哉矫！国无道，至死不变，强哉矫！"这就是孔子教人意志强固的明证。又齐鲁夹谷会盟，孔子相定公，不但不受齐人威胁，并使齐人归鲁侵地，足见孔子自己意志的强固。总之，孔子的人格，是智情意三方面发达到调和圆满的。

（八）孔子的门人　孔子的弟子颇有出色的人才，可惜颜渊短命，子路不得其死。孔子没后，"子夏、子游、子张以有若似圣人，欲以所事孔子事之，强曾子，曾子曰：'不可，江汉以濯之，秋阳以暴之，皓皓乎不可尚已。'"有若言行气象，颇似孔子，为子夏、子游、子张所心服，后来荀子一派，颇有关系。曾子的学问传于子思，子思传于孟子；所以《大学》说慎独，《中庸》亦说慎独。《大学》说不以利为利，以义为利，《孟子》亦说仁义而已，何必曰利。一脉相传，的是孔门正派。此外子夏一派，他的势力最大，《戴记·檀弓》载曾子语："我与汝事夫子于洙泗之间，退而老于西河之上，使西河之人疑汝于夫子？"魏李萧远说："其徒子夏升堂而未入于室者也，退老于家，魏文侯师之，西河之人肃然归德，比之于夫子而莫敢间其言。"可见当时子夏的情形了。不过子夏在孔门中规模最为狭隘，孔子说："商也不及。"子游说："子夏之门人小子，当洒扫应对进退则可矣，抑末也，本之则无如之何。"亦可窥见一斑了。

第二节　子思

孔子孙子思名伋，鲁缪公曾经师事过他，《孟子》载："昔者鲁缪公无人乎子思之侧，则不能安子思。"又载："缪公亟见于子思曰：'古千乘之国以友士何如？'子思不说，曰：'古之人有言曰：事之云乎，岂曰友之云乎？'子思之不说也，岂不曰：'以位，则子君也，我臣也，以德，则子事我者也，奚可以与我友。'"又据《荀子·非十二子篇》，知当时儒家的派别，有子张氏之儒，子夏氏之儒，子游氏之儒，并子思孟轲共为四派，荀子在四派外，共为五派。据《韩非子·显学篇》说："儒分为八，有子张之儒，有子思之儒，有颜氏之儒，有孟氏之儒，有漆雕氏之儒，有仲良氏之儒，有孙氏之儒，有乐正氏之儒。"想以上各家都各有他的特色，才分出派别来。可惜中间有几派学说全然失传。颜氏之儒，或者是宗法颜渊的，可惜无从考查了。漆雕氏之儒，是漆雕开传下，《论语》载："子使漆雕开仕，对曰：'吾斯之未能信。'"可见开为人很高尚坚强。《显学篇》说"不色挠，不目逃，行曲则违于臧获，行直则怒于诸侯"，和《孟子》所载北宫黝、孟施舍、子襄等相同，成为孔门的武侠派。子张才高意广，好为苟难，所以孔子说："师也过。"子游说："吾友张也为难能也，然而未仁。"曾子说："堂堂乎张也，难与并为仁矣。"可见他自成一派。子游传孔子大同的学说，读《戴记·礼运》可知。惟子游为吴人，吾道南行，其功最大。仲良氏不知何人。孙氏即荀卿。乐正氏即乐正子春，学于曾子，与子思同，惟乐正子春拘谨有余，《戴记·祭义》载"乐正子春下堂而伤其足，数月不出，犹有忧色"，却和子思的"尊德性而道问学，致广大而尽精微，极高明而道《中庸》"不可一概论了。总之孔子没而微言绝，七十子丧而大义乖，幸有一子思，把孔门传授心法用笔记下，以授孟子，就是《中庸》一书。《中庸》在赵宋以前本在《戴记》中，及二程出，从《戴记》中抽出，和《大学》、《论语》、《孟子》称为四书。《中庸》言天命性道，说理至精，论道至微，为一大理学书。后世相传为《中庸》非子思所作，是否与孔子之教相合，皆属疑问。不过他的理想，确是前后一贯，与师曾子所传孔子一贯之道亦合。特分述如下。

（一）天命性道　子贡说："夫子之言性与天道，不可得而闻也。"孔子说："性相近也，习相远也。"是孔子并未明说过天命性道。虽《易经》的十翼，相传为孔子所作，但十翼所说明吉凶消长之理、进退存亡之道，都是人生寻常日用所容易见到的。并非后世谶纬术数之学可比。只有《中庸》开宗明义第一章就说："天命之谓性，率性之谓道，修道之谓教。"和老子"圣法天，天法道，道法自然"不相合。且老子未曾谈到教字，就是只有自然没有人为的区别。《中庸》又说："道也者，不可须臾离也，可离非道也，是故君子，戒慎乎其所不睹，恐惧乎其所不闻。"这就是说明"率性之谓道"。道如果可离，怎样叫做率性。又说："道之不行也，我知之矣，智者过之，愚者不及也，道之不明也，我知之矣，贤者过之，不肖者不及也。"可见道就是中。"和也者，天下之达道也"，可见道就是和。《朱注》说："中为道之体，和为道之用。"确是不差。又说："君子之道，费而隐；夫妇之愚不肖，能知能行，及其至也，虽圣人有所不知不能。"这能知能行，就是率性。圣人不知不能，就是天命。又说："君子之道，造端乎夫妇，及其至也，察乎天地。"这与上文完全相同。又说："忠恕违道不远，施诸己而不愿，亦勿施于人。"忠和恕都是人性所固有，所以叫做"道不远人"。又说："君子之道，辟如行远必自迩，辟如登高必自卑。"这登高行远，就是察乎天地，就是圣人不知不能，就是天命。自迩自卑，就是造端乎夫妇，就是能知能行，就是率性。《中庸》所说的天命性道，何尝不是一贯的呢？

（二）中和与中庸　《论语》载："子曰：'中庸之为德也，其至矣乎！民鲜久矣。'"又"子贡问：'师与商也孰贤？子曰：师也过，商也不及。'曰：'然则师愈与？'子曰：'过犹不及。'"这就是孔子主张中庸的论调。后子思作《中庸》，把中庸二字作根据。不过他未说中庸以前，先说中和，因中和和中庸很有关系。《中庸》说："喜怒哀乐之未发谓之中，发而皆中节谓之和，中也者，天下之大本也，和也者，天下之达道也，致中和，天地位焉，万物育焉。"《朱注》以"中为道之体，和为道之用"。《庄子·齐物论》："惟达者知通为一，为是不用而寓诸庸，庸也者用也，用也者通也，通也者得也。"可知和为用，庸亦为用。那末中和就是中庸。现在把《中庸》上面所载的话举出来。

仲尼曰："君子中庸，小人反中庸；君子之中庸也，君子而时中；小人之反中庸也，小人而无忌惮也。"

子曰："中庸其至矣乎！民鲜能久矣。"

子曰："道之不行也，我知之矣，知者过之，愚者不及也。道之不明也，我知之矣，贤者过之，不肖者不及也。"

子曰："舜其大知也与！舜好问而好察迩言，隐恶而扬善，执其两端，用其中于民，其斯以为舜乎！"

子曰："人皆曰予知，择乎中庸，而不能期月守也。"

子曰："回之为人也，择乎中庸，得一善，则拳拳服膺，而勿失之矣。"

子曰："天下国家可均也，爵禄可辞也，白刃可蹈也，中庸不可能也。"

子曰："君子依乎中庸，遁世不见，知而不悔，惟圣者能之。"

庸德之行，庸言之谨，有所不足，不敢不勉，有余不敢尽，言顾行，行顾言，君子胡不慥慥尔。

照上面看来,《中庸》就是孔门的心法,就是做人的道德。希腊亚里斯多德(Aristoteles)他说中庸之德,就是不过多,不过少,不趋于两极端的。他的分类:(一)勇气,为恐怖和粗暴之中庸所存的德。(二)节制,为佚乐和拘守之中庸所存的德。(三)惠与,为奢侈和吝啬之中庸所存的德。(四)壮大,为豪奢和刻薄之中庸所存的德。(五)大度,为傲慢和卑屈之中庸所存的德。(六)温和,为忿怒和圆滑之中庸所存的德。(七)谦让,为倨傲和畏葸之中庸所存的德。(八)机智,为谐谑和鄙野之中庸所存的德。(九)友爱,为阿谀和简慢之中庸所存的德。这可作子思《中庸》的参考。

(三)诚　韩愈说:"子思之学盖出曾子。"所以曾子作《大学》说诚意,子思作《中庸》亦说诚。不过《大学》说诚,只说人道;而《中庸》说诚,人道以外还兼天道,有的是解释人生道德,有的是解释宇宙本体;因子思作《中庸》,他开宗明义就讲天命性道;所以说到诚字,亦就天道人道而立言;这就是和《大学》不同的地方。现在把关于诚字的话载下来。

　　顺乎亲有道,反诸身,不诚不顺乎亲矣。诚身有道,不明乎善,不诚乎身矣。
　　诚者天之道也,诚之者人之道也;诚者不勉而中,不思而得,从容中道,圣人也;诚之者择善而固执之者也。
　　自诚明谓之性,自明诚谓之教,诚则明矣,明则诚矣。
　　惟天下至诚,为能尽其性;能尽其性,则能尽人之性;能尽人之性,则能尽物之性;能尽物之性,则可以赞天地之化育;可以赞天地之化育,则可以与天地参矣。

至诚之道，可以前知，国家将兴，必有祯祥；国家将亡，必有妖孽。见乎蓍龟，动乎四体，祸福将至。善，必先知之，不善，必先知之，故至诚如神。

诚者自成也，而道自道也。

诚者物之终始，不诚无物，是故君子诚之为贵。

诚者非自成己而已也，所以成物也，成己仁也，成物知也，心之德也，合外内之道也，故时措之宜也。

故至诚无息，不息则久，久则征，征则悠远，悠远则博厚，博厚则高明。

子思就天道人道而说诚，就是宋儒理气二元论的开端。因子思说诚名为一元，而实仍为二元，所以有此结果。

第三节　孟子

《史记》说："孟轲邹人也，受业子思之门人，道既通，游事齐宣王，宣王不能用。适梁，梁惠王不果所言，则见以为迂远而阔于事情。当是之时，秦用商君，富国强兵。楚魏用吴起，战胜弱敌。齐威王宣王用孙子田忌之徒，而诸侯东面朝齐。天下方务于合从连衡，以攻伐为贤。而孟轲乃述唐虞三代之德，是以所如不合，退而与万章之徒，序《诗》《书》述仲尼之意，作《孟子》七篇。"太史公所说比较的可靠，不过这"退而与万章之徒作《孟子》

七篇"句话，有点说不过去。因《孟子》这部书与《论语》相同，《论语》相传为有子、曾子的门人述的，那末《孟子》亦决不会孟子自己做的，定是孟子的门人转述的，或是门人的门人转述的，因其中多称孟子的缘故。且《孟子》所载孟子当时所见诸侯皆称谥，如齐宣王、梁惠王、梁襄王、滕定公、滕文公、鲁平公等；人死然后有谥，难道他作《孟子》的时候，凡见过的诸侯都已死了么？并且梁惠王元年到鲁平公死凡七十七年，梁惠王见孟子已称"叟不远千里而来"，那么怎能见到鲁平公的死，可见是后人的转述，不必多疑了。又有人说：《孟子》一书，没有经过秦火，因称子书得不泯绝，然而《孟子》七篇中散佚的仍不少，如《荀子》载："孟子三见齐王不言，弟子问，曰'我先攻其邪心'。"又《杨子》载：孟子曰："夫有意而不至者有矣，未有无意而至者也。"足见没经过秦火之说亦不确。

又孟子继承子思的学说，确无可疑；如孟子曰："居下位而不获于上，民不可得而治也；获于上有道，不信于友，弗获于上矣；信于友有道，事亲弗悦，弗信于友矣；悦亲有道，反身不诚，不悦于亲矣；诚身有道，不明乎善，不诚其身矣。是故诚者天之道也，思诚者人之道也。至诚而不动者，未之有也；不诚未有能动者也。"这和《中庸》上的"在下位"节正相同。又孟子曰："尽其心者知其性也；知其性，则知天矣。存其心养其性，所以事天也。"这和《中庸》上开宗明义第一章"天命之谓性"正相同，可见人的性就是天。又孟子曰："万物皆备于我矣，反身而诚，乐莫大焉。"这和《中庸》"唯天下至诚，为能尽其性，能尽其性，则能尽人之性，能尽人之性，则能尽物之性，能尽物之性，则可以赞天地之化育，可以赞天地之化育，则可以与天地参矣"节正相同。可见人的性和天的性是同一的。又孟子曰:"动容周旋中礼者,盛德之至也。"这和《中庸》上"诚者不勉而中,不思而得,从容中道,圣人也"正相同。从这种方面看来,《史记》说"孟轲受业子思之门人",并非无根据的。现将孟子的学说列举如下。

(一)仁义说 孔子只说仁,所以《易·系辞》上"立人之道曰仁与义",后人往往疑为不是孔子说的;然而孟子却兼说仁义,现列举出来。

> 孟子对曰:"王何必曰利,亦有仁义而已矣。王曰何以利吾国,大夫曰何以利吾家,士庶人曰何以利吾身,上下交征利,而国危矣;万乘之国,弑其君者,必千乘之家;千乘之国,弑其君者,必百乘之家;万取千焉,千取百焉,不为不多矣;苟为后义而先利,不夺不餍。未有仁而遗其亲者也,未有义而后其君者也。"

> 曰:"恶!是何言也?齐人无以仁义与王言者,岂以仁义为不美也,其心曰:是何足与言仁义也云尔。则不敬莫大乎是;我非尧舜之道,不敢以陈于王前,故齐人莫如我敬王也。"

> 杨墨之道不息,孔子之道不著,是邪说诬民充塞仁义也,仁义充塞,则率兽食人,人将相食。

> 孟子曰:"自暴者不可与有言也,自弃者不可与有为也;言非礼义,谓之自暴也;我身不能居仁由义,谓之自弃也。仁人之安宅也,义人之正路也,旷安宅而弗居,舍正路而不由,哀哉!"

> 孟子曰:"君仁莫不仁,君义莫不义。"

告子曰:"性犹杞柳也,义犹桮棬也,以人性为仁义,犹以杞柳为桮棬。"孟子曰:"子能顺杞柳之性,而以为桮棬乎?将戕贼杞柳,而后以为桮棬也?如将戕贼杞柳,而以为桮棬,则亦将戕贼人以为仁义与?率天下之人而祸仁义者,必子之言夫。"

虽存乎人者,岂无仁义之心哉?其所以放其良心者,亦犹斧斤之于木也,旦旦而伐之,可以为美乎?

孟子曰:"仁人心也,义人路也,舍其路而弗由,放其心而不知求,哀哉!"

先生以仁义说秦楚之王,秦楚之王悦于仁义而罢三军之师,是三军之士,乐罢而悦于仁义也,为人臣者怀仁义以事其君,为人子者怀仁义以事其父,为人弟者怀仁义以事其兄,是君臣父子兄弟去利怀仁义以相接也,然而不王者未之有也。何必曰利。

王子垫问曰:"士何事?"孟子曰:"尚志。"曰:"何谓尚志?"曰:"仁义而已矣。杀一无罪非仁也,非其有而取之非义也,居恶在?仁是也,路恶在?义是也,居仁由义,大人之事备矣。"

孟子曰:"人皆有所不忍,达之于其所忍,仁也;人皆有所不为,达之于其所为,义也。人能充无害人之心,而仁不可胜用也;人能充无穿窬之心,而义不可胜用也。人能充无受尔汝之实,无所往而不为义也。"

孟子亦有单说仁的地方,如仁、不仁、仁政、仁心、仁闻等。亦有并说仁义礼智的地方,如恻隐、羞恶、辞让、是非等。不过兼说仁义的地方比较的多些。《中庸》说："仁者人也，亲亲为大；义者宜也，尊贤为大。"可见孟子说仁义，亦是依据子思《中庸》而来的。

（二）性善说　孔子说："性相近也，习相远也。"是孔子但说性近，并未明说过性的善恶。不过《易·系辞》上曾说过"一阴一阳之谓道，继之者善也，成之者性也。"因此亦有人说孔子是讲性善的。亦有人说《易·系辞》非孔子所作的。《中庸》说"天命之谓性，率性之谓道，修道之谓教"，因此亦有人说子思是说性善的。孟子的学问从子思得来，所以孟子亦说性善。现列举出来。

孟子道性善，言必称尧舜。

孟子曰：人皆有不忍人之心。……今人乍见孺子将入于井，皆有怵惕恻隐之心，非所以内交于孺子之父母也，非所以要誉于乡党朋友也，非恶其声而然也。由是观之，无恻隐之心非人也，无羞恶之心非人也，无辞让之心非人也，无是非之心非人也。恻隐之心，仁之端也，羞恶之心，义之端也，辞让之心，礼之端也，是非之心，智之端也。

告子曰：性犹杞柳也……（已见前）

告子曰："性犹湍水也，决诸东方则东流，决诸西方则西流，人性之无分于善不善也，犹水之无分于东西也。"孟子曰："水信无分于东西，无分于上下乎？人性之善也，犹水之就下也，人无有不善，水无有不下。今夫水，搏而跃之，可使过颡，激而行之，可使在山，是岂水之性哉？其势则然也。人之可使为不善，其性亦犹是也。"

告子曰:"生之谓性。"孟子曰:"生之谓性也,犹白之谓白与?"曰:"然。""白羽之白,犹白雪之白,白雪之白,犹白玉之白与?"曰:"然。"然则"犬之性,犹牛之性,牛之性,犹人之性与?"

告子曰:"食色性也。仁内也,非外也;义外也,非内也。"……曰:"耆秦人之炙,无以异于耆吾炙,夫物则亦有然者也;然则耆炙亦有外与?"

公都子曰:"告子曰:'性无善无不善也。'或曰:'性可以为善,可以为不善,是故文武兴则民好善,幽厉兴则民好暴。'或曰:'有性善有性不善,是故以尧为君而有象,以瞽瞍为父而有舜,以纣为兄之子且以为君,而有微子启王子比干。'今曰性善,然则彼皆非与?"孟子曰:"乃若其情,则可以为善矣,乃所谓善也。若夫为不善,非才之罪也。恻隐之心人皆有之,羞恶之心人皆有之,恭敬之心人皆有之,是非之心人皆有之,恻隐之心仁也,羞恶之心义也,恭敬之心礼也,是非之心智也,仁义礼智,非由外铄我也,我固有之也,弗思耳矣。故曰:求则得之,舍则失之,或相倍蓰而无算者,不能尽其才者也。"

孟子曰:"牛山之木尝美矣,以其郊于大国也,斧斤伐之,可以为美乎?是其日夜之所息,雨露之所润,非无萌蘖之生焉,牛羊又从而牧之,是以若彼濯濯也,人见其濯濯也,以为未尝有材焉,是岂山之性也哉?虽存乎人者,岂无仁义之心哉?其所以放其良心者,亦犹斧斤之于木也，旦旦而伐之，可以为美乎？其日夜之所息，平旦之气，其好恶与人相近也者几希，则其旦昼之所为，有梏亡之矣。梏之反复，则其夜气不足以存，夜气不足以存，则其违禽兽不远矣，人见其禽兽也，而以为未尝有才焉者，是岂人之情也哉？"

口之于味也，有同嗜焉，耳之于声也，有同听焉，目之于色也，有同美焉，至于心独无所同然乎？心之所同然者何也？谓理也，义也，圣人先得我心之所同然耳；故理义之悦我心，犹刍豢之悦我口。

孟子曰：人之所不学而能者，其良能也；所不虑而知者，其良知也。孩提之童，无不知爱其亲也，及其长也，无不知敬其兄也。亲亲仁也，敬长义也，无他达之天下也。

孟子说性善，是极端的，是绝对的，是彻头彻尾的。虽不免有过火的地方，但他的流弊，确较他说少些。

（三）王道说　孔子的政治学说，总不外乎"为政以德"、"道之以德"的口气。后曾子作《大学》，他的八条目，格物、致知、诚意、正心、修身、齐家以外，就是治国、平天下。子思作《中庸》，载"凡为天下国家有九经"，就是"修身、尊贤、亲亲、敬大臣、体群臣、子庶民、来百工、柔远人、怀诸侯"。照韩愈"子思之学盖出曾子"一句话看来，确有一点渊源。到了孟子时候，那末照《史记》说"孟轲受业子思之门人"一句话看来，他的说王道，亦是不足为奇的。现列举出来。

不违农时，谷不可胜食也；数罟不入洿池，鱼鳖不可胜食也；斧斤以时入山林，材木不可胜用也；谷与鱼鳖不可胜食，材木不可胜用，是使民养生丧死无憾也；养生丧死无憾，王道之始也。五亩之宅，树之以桑，五十者可以衣帛矣；鸡豚狗彘之畜，无失其时，七十者可以食肉矣；百亩之田，勿夺其时，数口之家可以无饥矣；谨庠序之教，申之以孝悌之义，颁白者不负戴于道路矣；七十者衣帛食肉，黎民不饥不寒，然而不王者，未之有也。

王如施仁政于民，省刑罚，薄税敛，深耕易耨，壮者以暇日，修其孝、悌、忠、信，入以事其父兄，出以事其长上，可使制梃以挞秦楚之坚甲利兵矣。

今王发政施仁，使天下仕者皆欲立于王之朝，耕者皆欲耕于王之野，商贾皆欲藏于王之市，行旅皆欲出于王之涂，天下之欲疾其君者，皆欲赴愬于王，其若是，孰能御之。

乐民之乐者，民亦乐其乐，忧民之忧者，民亦忧其忧，乐以天下，忧以天下，然而不王者，未之有也。

昔者文王之治岐也，耕者九一，仕者世禄，关市讥而不征，泽梁无禁，罪人不孥；老而无妻曰鳏，老而无夫曰寡，老而无子曰独，幼而无父曰孤，此四者天下之穷民而无告者，文王发政施仁，必先斯四者。

以力假仁者霸，霸必有大国；以德行仁者王，王不待大；汤以七十里，文王以百里。以力服人者，非心服也，力不赡也；以德服人者，中心悦而诚服也，如七十子之服孔子也。

尊贤使能，俊杰在位，则天下之士，皆悦而愿立于其朝矣。市廛而不征，法而不廛，则天下之商，皆悦而愿藏于其市矣。关讥而不征，则天下之旅，皆悦而愿出于其路矣。耕者助而不税，则天下之农，皆悦而愿耕于其野矣。廛无夫里之布，则天下之民，皆悦而愿为之氓矣。信能行此五者，则邻国之民，仰之若父母矣。率其子弟，攻其父母，自生民以来，未有能济者也。如此则无敌于天下，无敌于天下者，天吏也；然而不王者，未之有也。

先王有不忍人之心，斯有不忍人之政矣，以不忍人之心，行不忍人之政，治天下可运之掌上。

域民不以封疆之界，固国不以山溪之险，威天下不以兵革之利，得道者多助，失道者寡助，寡助之至，亲戚畔之，多助之至，天下顺之。以天下之所顺，攻亲戚之所畔，故君子有不战，战必胜矣。

得天下有道，得其民，斯得天下矣；得其民有道，得其心，斯得民矣；得其心有道，所欲与之聚之，所恶勿施尔也。民之归仁也，犹水之就下，兽之走圹也。

诸侯有行文王之政者，七年之内，必为政于天下矣。

思天下之民，匹夫匹妇有不被尧舜之泽者，若已推而纳之沟中，其自任以天下之重如此。

以佚道使民，虽劳不怨；以生道杀民，虽死不怨杀者。

霸者之民，欢虞如也；王者之民，皞皞如也。杀之而不怨，利之而不庸，民日迁善而不知为之者，夫君子所过者化，所存者神，上下与天地同流，岂曰小补之哉？

仁言不如仁政之入人深也，善政不如善教之得民也。善政民畏之，善教民爱之，善政得民财，善教得民心。

易其田畴，薄其税敛，民可使富也。食之以时，用之以礼，财不可胜用也。

民为贵，社稷次之，君为轻。

以上为孟子的王道说。后来讲王道的人，确没有能实行其说的，不过利用他罢了。此外还有孟子的知言养气说，确是孟子一生用力的地方，后宋文天祥把这浩然之气和天地正气日星河岳并论，可不伟大么！

第四节　荀子

《史记》说："荀卿赵人，年五十，始来游学于齐。驺衍之术，迂大而闳辩，奭也文具难施，淳于髡久与处，时有得善言。故齐人颂曰：'谈天衍，雕龙奭，炙毂过髡。'田骈之属皆已死，齐襄王时，而荀卿最为老师；齐尚修列大夫之缺，而荀卿三为祭酒焉。齐人或谗荀卿，荀卿乃适楚，而春申君以为兰陵令；春申君死，而荀卿废，因家兰陵。李斯尝为弟子，已而相秦。荀卿嫉浊世之政，亡国乱君相属，不遂大道，而营于巫祝，信机祥，鄙儒小拘，如庄周等又滑稽乱俗；于是推儒墨道德之行事兴坏，序列著数万言而卒，因葬兰陵。"据《困学纪闻》说：兰陵属于汉的东海郡，就是现今的沂州承县的南兰陵，并非楚的兰陵，魏的《地形志》：兰陵郡兰陵县有荀卿冢。有人告春申君说："汤以七十里，文王以百里，荀卿为贤者，今以百里之地与之，楚其危哉？"春申君就谢绝荀卿，荀卿就到赵国，某客告春申君说："伊尹去夏而入殷，殷王而夏亡；管仲去鲁而入齐，齐强而鲁弱；故贤者之所在，君尊国安，今孙卿天下之贤人也，去其所，国其不安乎？"后来荀卿往见秦昭王，说以礼义之治，王不能用；乃退述仲尼之意，论礼义之治，卑五霸之业，阐明微理，觑破巫咒，排击墨子的尚俭非乐，著书数万言，为兰陵令而死。现将荀子的学说列举出来。

（一）性恶说　荀子说性恶，和孟子说性善，均是极端的，绝对的；比较西洋理学家卢骚（Rousseau）主张性善，霍布士（Hobbes）主张性恶，说理更能畅达。这就是东洋理学史胜过西洋理学史的地方。而荀子的性恶说是怎样呢？荀子说：

> 人之性恶，其善者伪也。今人之性，生而有好利焉，顺是故争夺生而辞让亡焉；生而有疾恶焉，顺是故残贼生而忠信亡焉；生而有耳目之欲有好声色焉，顺是故淫乱生而礼义文理亡焉；然则从人之性，顺人之情，必出于争夺，合于犯分乱理而归于暴；故必将有师法之化，礼义之道，然后出于辞让合于文理而归于治。用此观之，然则人之性恶明矣，其善者伪也。故枸木必将待栝烝矫然后直，钝金必将待砻厉然后利，今人之性恶，必将待师法然后正，得礼义然后治。今人无师法则偏险而不正，无礼义则悖乱而不治；古者圣王以人之性恶，以为偏险而不正，悖乱而不治，是以为之起礼义，制法度，以矫饰人之情性而正之，以扰化人之情性而导之也，始皆出于治，合於道者也。今之人化师法积文学道礼义者为君

子，纵性情安恣睢而违礼义者为小人；用此观之，然则人之性恶明矣，其善者伪也。

其非孟子性善说曰："孟子曰：人之学者其性善。曰：是不然，是不及知人之性，而不察乎人之性伪之分者也。凡性者天之就也，不可学，不可事；礼义者，圣人之所生也，人之所学而能，所事而成者也；不可学、不可事而在人者谓之性，可学而能、可事而成之在人者谓之伪；是性伪之分也。今人之性，目可以见，耳可以听，夫可以见之明不离目，可以听之聪不离耳，目明而耳聪，不可学明矣。孟子曰：今人之性善，将皆失丧其性故也。曰：若是则过矣，今人之性，生而离其朴，离其资，必失而丧之；用此观之，然则人之性恶明矣。所谓性善者，不离其朴而美之，不离其资而利之也；使夫资朴之于美，心意之于善，若夫可以见之明不离目，可以听之聪不离耳，故曰：目明而耳聪也。今人之性，饥而欲饱，寒而欲暖，劳而欲休，此人之情性也。今人饥见长而不敢先食者，将有所让也；劳而不敢求息者，将有所代也；夫子之让乎父，弟之让乎兄，子之代乎父，弟之代乎兄，此二行者皆反于性而悖于情也，然而孝子之道，礼义之文理也；故顺情性则不辞让矣，辞让则悖于情性矣；用此观之，然则人之性恶明矣，其善者伪也。"

问者曰："人之性恶，则礼义恶生？"应之曰："凡礼义者，皆生于圣人之伪，非故生于人之性也。故陶人埏埴而为器，然则器生于工人之伪，非故生于人之性也。故工人斫木而为器，然则器生于工人之伪，非故生于人之性也。圣人积思虑习伪,故以生礼义而起法度,然则礼义法度者,是生于圣人之伪,非故生于人之性也。"

夫圣人之于礼义也,譬亦陶埏而生之也,然则礼义积伪者,岂人之本性也哉?凡人之性者,尧舜之与桀跖也,其性一也,今将以礼义积伪为人之性耶?然则曷贵有尧禹?曷贵君子矣哉?凡所贵尧禹君子者,能化性,能起伪,伪起而生礼义,然则圣人之于礼义,积伪也,亦犹陶埏而生之也。

圣人之所以同于众,其不异于众者,性也;所以异而过众者,伪也。

古者圣人以人之性恶,以为偏险而不正,悖乱而不治,故为之立君上之势以临之,明礼义以化之,起法正以治之,重刑罚以禁之,使天下皆出于治,合于善也,是圣人之治,而礼义之化也。今当试去君上之势,无礼义之化,去法正之治,无刑罚之禁,倚而观天下人民之相与也,若是则夫强者害弱而夺之,众者暴寡而哗之,天下之悖乱而相亡不待顷矣。

今使涂之人伏术为学,专心一志,思索熟察,加日县久,积善而不息,则通于神明,参于天地矣。故圣人者,人之所积而致也。曰:圣可积而致,然而皆不可积,何也?曰:可以而不可使也。故小人可以为君子,而不肯为君子,君子可以为小人,而不肯为小人,小人君子者,未尝不可以相为也,然而不相为者,可以而不可使也;故涂之人可以为禹则然,涂之人能为禹未必然也。

荀子所说的伪字，就是人为的解释，就是自然的反面。他的主张，就是道德人为说，所以专讲性恶。和孟子主张道德先天说，专讲性善的完全不同。因孟子的立脚点为直觉观，荀子的立脚点为经验观。所以荀子亦说："孟子性善说无辨合符验，未能坐言起行。"就可看见一斑了。

（二）礼乐说　荀子亦为儒家，当然看重礼乐。不过他的主张是性恶，事之属于人为的，所以他的礼乐说亦是属于人为的。现列举出来。

> 礼起于何也？曰：人生而有欲，欲而不得，则不能无求，求而无度量分界，则不能不争，争则乱，乱则穷，先王恶其乱也，故制礼义以分之，以养人之欲，给人之求，使欲必不穷乎物，物必不屈乎欲，两者相持而长，是礼之所起也。

> 礼者，治辨之极也，强国之本也，威行之道也，功名之总也；王公由之所以得天下也，不由所以陨社稷也。故坚甲利兵不足以为胜，高城深池不足以为固，严令繁刑不足以为威，由其道则行，不由其道则废。

> 礼有三本，天地者生之本也，先祖者类之本也，君师者治之本也；无天地恶生？无先祖恶出？无君师恶治？三者偏亡焉无安人。故礼上事天，下事地，尊先祖而隆君师，是礼之三本也。

> 礼者谨于治生死者也，生，人之始也，死，人之终也，终始俱善，人道毕矣。故君子敬始而慎终，终始如一，是君子之道，礼义之文也。夫厚其生而薄其死，是敬其

有知而慢其无知也，是奸人之道而倍叛之心也，君子以倍叛之心接臧获，犹且羞之，而况以事其所隆亲乎！

我以墨子之非乐也，则使天下乱，墨子之节用也，则使天下贫，非将堕也，说不免焉。墨子大有天下，小有一国，将蹙然衣粗食恶忧戚而非乐；若是则瘠，瘠则不足欲，不足欲则赏不行。墨子大有天下，小有一国，将少人徒，省官职，上功劳苦与百姓均事业，齐功劳；若是则不威，不威则赏罚不行。

乐者，乐也，人情之所必不免也，故人不能无乐，乐则必发于声音，形于动静，而人之道，声音动静，性术之变尽是矣，故人不能不乐，乐则不能无形，形而不为道则不能无乱，先王恶其乱也，故制雅颂之声以道之，使其声足以乐而不流，使其文足以辨而不諰，使其曲直繁省廉肉节奏足以感动人之善心，使夫邪污之气无由得接焉，是先王立乐之方也。

乐行而志清，礼修而行成，耳目聪明，血气和平，移风易俗，天下皆宁，莫善于乐。故曰：乐者乐也，君子乐得其道，小人乐得其欲，以道制欲则乐而不乱，以欲忘道则惑而不乐；故乐者所以导乐也，金石丝竹者所以导乐也，乐行而民乡方矣。故乐者治人之盛者也。

荀子所说礼乐的功用，与儒家本无二致，不过他的主张是人性恶，所以礼乐皆成为伪的，那末古人把礼当为自然之节文仪则，把乐当为自然之音响节奏，从荀子看来，那都不成话了。

（三）非十二子说　荀子颇推重子弓，把他和仲尼并称，那末荀学或和仲弓有一点渊源。他的《非十二子篇》确有见解，不过对于子思、孟子，好像苛刻些？现特载下来。

> 纵情性，安恣睢，禽兽之行，不足以合文通治，然而其持之有故，其言之成理，足以欺惑愚众，是它嚣、魏牟也。忍情性，綦溪利跂，苟以分异人为高，不足以合大众，明大分，然而其持之有故，其言之成理，足以欺惑愚众，是陈仲、史䲡也。不知壹天下，建国家之权称，上功用大俭约，而僈差等，曾不足以容辨异，县君臣，然而其持之有故，其言之成理，足以欺惑愚众，是墨翟、宋钘也。尚法而无法，下修而好作，上则取听于上，下则取从于俗，终日言成文典，及紃察之，则倜然无所归宿，不可以经国定分，然而其持之有故，其言之成理，足以欺惑愚众，是慎到、田骈也。不法先王，不是礼义，而好治怪说，玩琦辞，甚察而不惠，辨而无用，多事而寡功，不可以为治纲纪，然而其持之有故，其言之成理，足以欺惑愚众，是惠施、邓析也。略法先王而不知其统，犹然而材剧志大，闻见杂博，案往旧造说，谓之五行，甚僻违而无类，幽隐而无说，闭约而无解，案饰其说而祇敬之曰，此真先君子之言也，子思唱之，孟轲和之，世俗之沟犹瞀儒，嚾嚾然不知其所非也，遂受而传之，以为仲尼、子游，为兹厚于后世，是则子思、孟轲之罪也。

宋苏东坡说得好："昔者常怪李斯事荀卿，既而焚灭其书，大变古先圣王之法，于其师之道不啻若寇仇，及今观荀卿之书，然后知李斯之所以事秦者，皆出于荀卿而不足怪也。荀卿者喜为异说而不让，敢为高论而不顾者也，其言愚人之所惊，小人之所喜也；子思、孟轲，世之所谓贤人君子也，荀卿独曰：'乱天下者子思、孟轲也。'天下之人如此其众也，仁人义士如此其多也，荀卿独曰：'人性恶，桀纣性也，尧舜伪也。'由是观之，意其为人，必也刚愎不逊，而自许太过；彼李斯者，又特甚者耳。……彼见其师历诋天下之贤人，自是其愚，以为古先圣王皆无足法者；不知荀卿特以快一时之论，而荀卿亦不知其祸之至于此也。其父杀人报仇，其子必且行劫。荀卿明王道，述礼乐，而李斯以其学乱天下，其高谈异论有以激之也。"现在就把苏东坡的议论，做一个结束罢。

第四章　道家

第一节　老子

老子，姓李，名耳，又名聃，字伯阳，一说名重耳，又名推，字伯宗，又一说名志，字伯光，据《史记》，为楚苦县人。据《索隐》，苦县本属陈，春秋时楚灭陈，遂属楚，《括地志》说："苦县在亳州谷阳县界，有老子宅及庙，庙内有九井，今尚存在。"他做周朝守藏史的官，就是现今国立图书馆馆长，孔子曾经见过他的。《史记》说："适周问礼于老子。"这话颇有根据。如庄子《南华经》所载老、孔问答，和《戴记·曾子问》"吾闻之老聃云"皆是。老子见周道日衰，乃西出关，关令尹喜强他著书，遂著《道德经》五千言。《道德经》共上下二卷，从思想上讲，很和汉以前人的思想相合，称为古书，本无可疑。从文字上讲，古书往往叶韵，亦无可疑。不过他书中有仁义文字，所以后人疑为孟子以后之书。但是这并非确证，因天地仁义道德等，为矛盾的相对立之两个概念，就是老子的根本思想。所以韩非有解老喻老，汉初如盖公曹参等，皆尊重老子，实行他的主义。所以老子《道德经》

确可信为古书。不过全部书是否出于同一之手,那末不能不有疑问了。

《汉书·艺文志》说:"道家源出史官。"老子本为史官,他的渊源当然不差了。不过古时书籍除官家记载外,民间无从观览的,所以后人说百家多出于老子,得道家玄虚一派的,就是名家、阴阳家和后世清谈家、神仙符箓家。得道家践实一派的,就是儒家。得老子刻忍一派的,就是法家。得老子阴谋一派的,就是兵家和纵横家。得道家慈俭一派的,就是墨家。得道家齐万物、平贵贱一派的,就是农家。得道家寓言一派的,就是小说家。传受道家非纯粹的学说和诸家杂说的,就是杂家。这话不尽可靠的,因道家并非万能,不能说为了道家源出史官,诸子百家都被他包括无遗了。现将老子的学说列举出来。

(一)道说 《孟子》说:"夫道若大路然。"韩子说:"由是而之焉之谓道。"朱子说:"道犹路也。"他们的意思,就是说人类对于一切日用事务,都有当行的路程。不过老子所讲的道,却不是这样的,他是说宇宙的本体。上古时代有以水为万物本体,有以火为万物本体的,这叫做一元论。有以金木水火土五行为万物本体的,有以地水火风四大为本体的,这叫做多元论。那老子独以道为本体,究竟是一件什么东西,说它既然不是当行的路程,那么说它是神秘的宗教罢,他说:道"先天地生","象帝之先","是谓天地根",这明明是说"道"是超乎天地的。一切宗教中什么上帝、天主、神造等说,都在下风。他说道:

道冲而用之或不盈,渊兮似万物之宗;挫其锐,解其纷,和其光,同其尘,湛兮似或存,吾不知谁之子,象帝之先。

　　谷神不死，是谓玄牝，玄牝之门，是谓天地根。绵绵若存，用之不勤。

　　视之不见名曰夷，听之不闻名曰希，搏之不得名曰微，此三者不可致诘，故混而为一。其上不皦其下不昧，绳绳不可名，复归于无物，是谓无状之状，无物之象，是谓惚恍。迎之不见其首，随之不见其后，执古之道以御今之有，能知古始，是谓道纪。

　　孔德之容，惟道是从，道之为物，惟恍惟惚，惚兮恍兮，其中有象；恍兮惚兮，其中有物；窈兮冥兮，其中有精；其精甚真，其中有信；自古及今，其名不去，以阅众甫，吾何以知众甫之状哉？以此。

　　有物混成，先天地生，寂兮寥兮，独立不改，周行而不殆，可以为天下母，吾不知其名，字之曰道；强为之名曰大，大曰逝，逝曰远，远曰反；故道大天大地大王亦大，域中有四大，而王居其一焉；人法地，地法天，天法道，道法自然。

照老子的意思，道还在天的上面。除了上述"象帝之先"、"先天地生"、"是谓天地根"以外，又说"天法道"。不过道究竟是一件什么东西，那么照"道法自然"一句话看起来，道就是自然。并非道以外又有自然，自然本无一定的形象，亦无一定的名称，所以老子又说：

　　道可道，非常道。名可名，非常名。无名天地之始，有名万物之母。故常无欲以观其妙,常有欲以观其徼。此两者同出而异名,同谓之玄;玄之又玄,众妙之门。

天下皆知美之为美,斯恶已。皆知善之为善,斯不善已。故有无相生,难易相成,长短相较,高下相倾,音声相和,前后相随。是以圣人处无为之事,行不言之教,万物作焉而不辞,生而不有,为而不恃,功成而弗居。夫唯弗居,是以不去。

道常无为而无不为。侯王若能守之,万物将自化,化而欲作,吾将镇之以无名之朴,无名之朴亦将不欲,不欲以静,天下将自定。

上德不德,是以有德。下德不失德,是以无德。

知者不言,言者不知,塞其兑,闭其门,挫其锐,解其纷,和其光,同其尘,是谓玄同。

道生一,一生二,二生三,三生万物。

道生之,德畜之,物形之,势成之,是以万物莫不尊道而贵德。道之尊,德之贵,夫莫之命而常自然。故道生之,德畜之,长之育之,亭之毒之,养之覆之,生而不有,为而不恃,长而不宰,是谓玄德。

天地之间,其犹橐籥乎?虚而不屈,动而愈出。

天长地久,天地所以能长且久者,以其不自生,故能长生。

天下万物生于有,有生于无。

以上所说"道非道"、"名非名"、"美斯恶"、"善斯不善"、"无为无不为"、"上德不德"、"知者不言"、"生不有"、"为

"不恃"、"长不宰"、"虚不屈"、"不生故长生"、"道生万物"、"万物生于无"等话，就是说宇宙的本体无一定的形象和名称，就叫做自然。

（二）修为说　老子以人生为一小宇宙，所以欲将人生和宇宙的本体合归于一，就是与道同流。他说道：

> 昔之得一者，天得一以清，地得一以宁，神得一以灵，谷得一以盈，万物得一以生，侯王得一以为天下贞。

一就是道，就是自然。无论天地神谷万物侯王必须得一。他又说道：

> 持而盈之，不如其已，揣而梲之，不可长保，金玉满堂，莫之能守，富贵而骄，自遗其咎，功遂身退，天之道。
> 三十辐共一毂，当其无，有车之用；埏埴以为器，当其无，有器之用；凿户牖以为室，当其无，有室之用；故有之以为利，无之以为用。
> 曲则全，枉则直，洼则盈，敝则新，少则得，多则惑，是以圣人抱一为天下式。
> 不自见故明，不自是故彰，不自伐故有功，不自矜故长，夫唯不争，故天下莫能与之争。古之所谓曲则全者，岂虚言哉？诚全而归之。
> 飘风不终朝，骤雨不终日，孰为此者天地；天地尚不能久，而况于人乎？
> 知足不辱，知止不殆，可以长久。

> 为无为，事无事，味无味，大小多少，报怨以德。图难于其易，为大于其细，天下难事必作于易，天下大事必作于细，是以圣人终不为大，故能成其大。夫轻诺必寡信，多易必多难，是以圣人犹难之。
>
> 我有三宝，持而保之，一曰慈，二曰俭，三曰不敢为天下先。慈故能勇，俭故能广，不敢为天下先故能成器长，今舍慈且勇，舍俭且广，舍后且先，死矣。

他所说做人之道，总不外乎虚、无、空、谦、退、后种种，然最重要的就是柔。所以他又说道：

> 上善若水，水善利万物而不争。处众人之所恶，故几于道。
>
> 天下之至柔，驰骋天下之至坚。无有入无间，吾是以知无为之有益。不言之教，无为之益，天下希及之。
>
> 江海所以能为百谷王者，以其善下之，故能为百谷王。
>
> 人之生也柔弱，其死也坚强；万物草木之生也柔脆，其死也枯槁；故坚强者死之徒，柔弱者生之徒。
>
> 天下莫柔弱于水，而攻坚强者莫之能胜，以其无以易之。弱之胜强，柔之胜刚，天下莫不知，莫能行。

柔应该学水，水能下，能不争，能攻坚强。此外还应该学婴儿，他说道：

> 专气致柔，能婴儿乎？
>
> 知其雄，守其雌，为天下溪。为天下溪，常德不离，复归于婴儿。
>
> 我独泊兮其未兆，如婴儿之未孩。
>
> 圣人在天下，歙歙为天下浑其心，圣人皆孩之。
>
> 含德之厚，比于赤子。蜂虿虺蛇不螫，猛兽不据，攫鸟不搏。骨弱筋柔而握固，未知牝牡之合而全作，精之至也。终日号而不嗄，和之至也。

孟子说得好，"大人者，不失其赤子之心者也"，和老子的言论很相同。不过孟子注重的是赤子的心诚一无伪，老子注重的是婴儿的德、柔、厚、精、和。不过老子亦有主张诚一无伪的地方，就是注重自然，反对人为。他说道：

> 五色令人目盲，五音令人耳聋，五味令人口爽，驰骋畋猎令人心发狂。
>
> 大道废有仁义，慧智出有大伪，六亲不和有孝慈，国家昏乱有忠臣。
>
> 绝圣弃智，民利百倍，绝仁弃义，民复孝慈，绝巧弃利，盗贼无有。

自然就是诚，人为就是伪。后来庄子的主张更激烈，他的《胠箧篇》说："圣人已死，大盗不起，圣人不死，大盗不止。……窃钩者诛，窃国者为诸侯，诸侯之门而仁义存焉。……故绝圣弃知，大盗乃止，擿玉毁珠，小盗不起。焚符破玺，而民朴鄙，掊斗折衡，而民不争。"这就是老子所遗传下来的。

（三）政治说　老子的政治说,也是注重大道。大道就是自然,自然就是无为。孔子赞尧说:"荡荡乎,民无能名焉。"又说:"无为而治者,其舜也与？"可见儒家也注重自然,注重无为。老子说:

> 治大国若烹小鲜,以道莅天下,其鬼不神；非其鬼不神,其神不伤人；非其神不伤人,圣人亦不伤人；夫两不相伤,故德交归焉。
>
> 古之善为道者,非以明民,将以愚之。民之难治,以其智多,故以智治国,国之贼；不以智治国,国之福。
>
> 民不畏死,奈何以死惧之。
>
> 民之饥,以其上食税之多,是以饥；民之难治,以其上之有为,是以难治；民之轻死,以其上求生之厚,是以轻死。
>
> 小国寡民,使有什伯之器而不用,使民重死而不远徙,虽有舟舆无所乘之,虽有甲兵无所陈之,使人复结绳而用之,甘其食,美其服,安其居,乐其俗,邻国相望,鸡犬之声相闻,民至老死不相往来。
>
> 民多利器,国家滋昏；人多伎巧,奇物滋起；法令滋彰,盗贼多有。故圣人云:我无为而民自化,我好静而民自正,我无事而民自富,我无欲而民自朴。

老子生在周末,看见各国战争纷起,所以说道:

> 以道佐人主者,不以兵强天下,其事好还；师之所处,

荆棘生焉；大军之后，必有凶年。

夫佳兵者不祥之器，物或恶之，故有道者不处；君子居则贵左，用兵则贵右。兵者不祥之器，非君子之器，不得已而用之；恬淡为上，胜而不美，而美之者，是乐杀人，夫乐杀人者，则不可以得志于天下矣；吉事尚左，凶事尚右，偏将军居左，上将军居右，言以丧礼处之；杀人之众以哀悲泣之，战胜以丧礼处之。

天下有道，却走马以粪；天下无道，戎马生于郊。

善为士者不武，善战者不怒，善胜敌者不与。

用兵有言，吾不敢为主而为客，不敢进寸而退尺；是谓行无行，攘无臂，扔无敌，执无兵。祸莫大于轻敌，轻敌几丧吾宝；故抗兵相加，哀者胜矣。

这与孔子的不对问陈，孟子的说仁义罢兵和不嗜杀人没有分别。总之老子主张自然，反对人为，所以他的《道德经》里面，随处可见寓意，他说得最明了的，就是"天之道其犹张弓与？高者抑之，下者举之，有余者损之，不足者补之，天之道，损有余而补不足，人之道则不然，损不足以奉有余"等话，这不是赤裸裸地说人为不如自然么？至于说到"邻国相望，鸡犬之声相闻，民至老死不相往来"，这明明是个理想的国家。老子生在周末，当然有这种理想，和孔子怀想大同世界相同。不过理想纵高，而事实却不容易见了。

第二节 杨子

杨子传不详，只能知道一点大略。从孟子的拒杨墨看来，孟子对于此事极其郑重，和洪水夷狄猛兽乱臣贼子一样看待，竟直断他们为无父无君，可见当时杨子的学说流行天下，不输墨子。虽然杨子所著的书，后世未曾传到，但是《列子》上边有《杨朱篇》。不过不是《杨子》自己所著，因中间有五常等文字，是汉儒的特产物，就是"人肖天地之类，怀五常之性，有生之最灵者也"。从此篇看来，他的年代颇不确，并且中间寓言甚多，或者管仲和晏平仲对话，或者晏平仲和邓析子对话，不是时代错误，就是荒诞不经；所以看这《杨朱篇》理论尚还适当，不过年代考证极不可靠；只有把其他参考书作为根据。查察杨子的年代，就孟孙阳和禽滑釐的问答，可以知道杨子比较墨子稍后一点。《列子》又说杨子师事老子，这说也难信的。现将杨子的大概记下来。

杨子名朱，就是孟子所说"杨朱、墨翟之言盈天下"是不错的。庄子又作阳子居，阳杨音通，子居就是朱字的反切。因为庄子、列子皆称他见老子，所以他的年代实在不容易查考。《列子·杨朱篇》虽然为后人所伪造，但是当时的思想尚能存在，只要看《孟子》、《庄子》、《列子》书中所散见的杨子说话，就能明白。杨子的理学思想，一方面反对儒墨的恢复道德以天下为己任，他一方面就以老庄的放任一派当他的主义，且极端的提倡快乐主义。《淮南子》说"全性保真，不以物累形，杨子之所立也"。这也是吾国理学史上所不可缺的。

（一）万物定命说　杨子以为世间一切现象，皆不能自生自灭。换句话讲，就是万物之死生存亡，都不能由自己的意思去支配他，全为天地自然所支配。他说道：

> 万物所异者生也，所同者死也；生则有贤愚贵贱，是所异也，死则有臭腐消灭，是所同也；虽然贤愚贵贱，非所能也，臭腐消灭，亦非所能也；故生非所生，死非所死，贤非所贤，愚非所愚，贵非所贵，贱非所贱，然而万物齐生齐死齐贤齐愚齐贵齐贱；十年亦死，百年亦死，仁圣亦死，凶愚亦死，生则尧舜，死则腐骨，生则桀纣，死则腐骨，腐骨一矣，孰知其异，且当趣生，奚遑死后。

> 孟孙阳问杨子曰："有人于此，贵生爱身，以蕲不死，可乎？"曰："理无不死。""以蕲久生，可乎？"曰："理无久生。生非贵之所能存，身非爱之所能厚。"

> 百年寿之大齐，得百年者千无一焉；设有一者，孩抱以逮昏老，几居其半矣；夜眠之所弭，昼觉之所遗，又几居其半矣；痛疾哀苦亡失忧惧，又几居其半矣；量十数年之中，逌然而自得，亡介焉之虑者，亦亡一时之中尔，则人之生也，奚为哉？奚乐哉？为美厚尔，为声色尔，而美厚复不可常厌足，声色不可常玩闻，乃复为刑赏之所禁劝，名法之所进退，遑遑尔竟一时之虚誉，规死后之余荣，偶偶尔慎耳目之观听，惜身意之是好，徒失当年之至乐，不能自肆于一时，重囚累梏，何以异哉？太古之人，知生之暂来，知死之暂往，故从心而动，不违自然所好，当身之娱非所去也，故不为名所劝；从

性而游，不逆万物，所好死后之名，非所取也，故不为形所及；名誉先后年命多少，非所量也。

杨子一方面说万物定命，不能自己支配，而他方面又说自己不可失去当身之娱乐，这就是他的快乐主义。他且反对自杀。

孟孙阳曰："若然速亡愈于久生，则践锋刃，入汤火，得所志矣。"杨子曰："不然，既生则废而任之，究其所欲，以俟于死；将死则废而任之，究其所之，以放于尽；无不废，无不任，何遽迟速于其间乎？"

他且轻视丧葬的礼制，假晏平仲说：

平仲曰："既死岂在我哉？焚之亦可，沈之亦可，瘗之亦可，露之亦可，衣薪而弃诸沟壑亦可，衮衣绣裳而纳诸石椁亦可。"

他又以为人类间的竞争，不仗腕力全仗智力。说道：

人肖天地之类，怀五常之性，有生之最灵者也。人者爪牙不足以供守卫，肌肤不足以自捍御，趋走不足以逃利害，无毛羽以御寒暑，必将资物以为养性，任智而不恃力。故智之所贵，存我为贵；力之所贱，侵物为贱。

他又以为寿名位货婚宦君臣忠义等，皆可以累及人生的至乐。

说道：

> 生民之不得休息为四事，故一为寿，二为名，三为位，四为货，有此四者，畏鬼畏人畏威畏刑，此之谓遁人也；可杀可活，制命在外，不逆命，何羡寿？不矜贵，何羡名？不要势，何羡位？不贪富，何羡货？此之谓顺民也。天下无对，制命在内，故语有之曰：人不婚宦，情欲失半。人不衣食，君臣道息。
>
> 丰屋美服厚味姣色，有此四者，何求于外；有此而求外者，无厌之性；无厌之性，阴阳之蠹也；忠不足以安君，适足以危身；义不足以利物，适足以害生；安上不由于忠而忠名灭焉，利物不由于义而义名绝焉；君臣皆安，物我兼利，古之道也。

（二）处世说　杨子一方面取快乐主义，他方面对于人类的竞争侵害颇轻视。所以他的快乐主义，在范围以内放纵自己的快乐，而不妨害他人。怎样放纵自己的快乐，就是放纵自己之欲。他假管仲和晏平仲的问答：

> 晏平仲问养生于管夷吾，管夷吾曰："肆之而已，勿壅勿阏。"晏平仲曰："其目奈何？"夷吾曰："恣耳之所欲听，恣目之所欲视，恣鼻之所欲向，恣口之所欲言，恣体之所欲安，恣意之所欲行。夫耳之所欲闻者音声，而不得听，谓之阏聪；目之所欲见者美色，而不得视，谓之阏明；鼻之所欲向者椒兰，而不得嗅，谓之

阏颠；口之所欲道者是非，而不得言，谓之阏智；体之所欲安者美厚，而不得从，谓之阏适；意之所欲为者放逸，而不得行，谓之阏往；凡此诸阏，废虐之主，去废虐之主，熙熙然以俟死，一日一月，一年十年，吾所谓养；拘此废虐之主，录而不舍，戚戚然以至久生，百年千年万年，非吾所谓养。"

他又说：

原宪窭于鲁，子贡殖于卫，原宪之窭损生，子贡之殖累身，然则窭亦不可，殖亦不可，其可焉在？曰："可在乐生，可在逸身；故善乐生者不窭，善逸身者不殖。"

他的处世之道，孟子曾说过："杨子取为我，拔一毛而利天下，不为也。"又《列子·杨朱篇》载：

杨朱曰："伯成子高不以一毫利物，舍国而隐耕；大禹不以一身自利一体偏枯，古之人损一毫利天下不与也，悉天下奉一身不取也；人人不损一毫，人人不利天下，天下治矣。"禽子问杨朱曰："去子体之一毛以济一世，汝为之乎？"杨子曰："世固非一毛之所济。"禽子曰："假济，为之乎？"杨子弗应，禽子出语孟孙阳，孟孙阳曰："子不达夫子之心，吾请言之，有侵若肌肤获万金者，若为之乎？"曰："为之。"孟孙阳曰："有断若一节得一国，子为之乎？"禽子默然有间，孟孙阳曰："一毛微于肌肤，肌肤微于一节，省矣；然则积一毛以成肌肤，积肌肤以成一节，一毛固一体万分中之一物，奈何轻之乎？"禽子曰："吾不能所以答子，然则以子之言问老聃、关尹，则子言当矣。以吾言问大禹、墨翟，则吾言当矣。"孟孙阳因顾与其徒说他事。

他又主张求学问的人，应该务本舍末，归同反一。《列子·说符篇》载：

心都子与孟孙阳偕入而问曰："昔有昆弟三人，游齐鲁之间，同师而学，进仁义之道而归。其父曰：'仁义之道若何？'伯曰：'仁义使我爱身而后名。'仲曰：'仁义使我杀身以成名。'叔曰：'仁义使我身名并全。'彼三术相反，而同出于儒，孰是孰非耶？"杨子曰："人有滨河而居者，习于水，勇于泅，操舟鬻渡，利供百口，裹粮就学者成徒，而溺死者几半。本学泅，不学溺，而利害如此。若以为孰是孰非？"心都子嘿然出。

从这一段书看来，杨子确和老、庄、列接近，和儒家格格不相入，可见孟子视若洪水猛兽信非无因。

第三节 列子

列子名御寇，郑国人，《史记》无传。照《列子·说符篇》郑子阳令官遗粟一段看来，子阳在郑繻公二十五年死，当孔子死后七十六年，遗粟事当再在前四五年，时列子年尚壮，不及见孔子老子，到孟子生时，列子已死去十余年，可见列子已不及和孟子庄子等相见。列子的书说列子师老商子，又说师关尹，并未说师过老子。又庄子的书虽有记列子的事，但列子并未和庄子会谈过，可见庄子生时已不及见列子，那末他的年代约略可知了。

《列子·说符篇》载："子列子穷，容貌有饥色，客有言之郑子阳者，曰：'列御寇盖有道之士也，居君之国而穷，君无乃为不好士乎？'郑子阳即令官遗之粟，子列子出见使者，再拜而辞，使者去，子列子入，其妻望之而拊心曰：'妾闻为有道者之妻子，皆得佚乐，今有饥色，君遇而遗先生食，先生不受，岂不命也哉！'子列子笑谓之曰：'君非自知我也，以人之言而遗我粟，至其罪我也又且以人之言，此吾所以不受也。'其卒，民果作难而杀子阳。"又《天瑞篇》载："子列子居郑国四十年，人无识者，国君卿大夫视之犹众庶也，国不足，将嫁于卫。"以后列子怎样结果，竟无从查考。

现今所传《列子》八篇，并非他的手笔。（一）时代错误的记事极多，如公孙龙为列子以后的人，今亦记录。（二）仁义之字亦多，如"宋人有好行仁义者"，"鲁之君臣日失其序，仁义益衰"，"事之破砺而后有舞仁义者，弗能复也"。（三）《杨朱》一篇，和《列子》毫无干系，不应列入。（四）有许多文已见《庄子》，如神巫事已载《庄子·内篇》，可见《列子》为后人所撰。又《列子》载列子师关尹、壶丘子林、老商、伯昏无人，但是亦不可靠，《吕氏春秋》载"子产相郑，往见壶丘子林，与其弟子坐，必以年。"那末子林和子产同时，列子怎能师事他呢？又列子在唐时代，曾配享老子庙中，号冲虚真人，改称其书为《冲虚真经》。他的学说怎样？

（一）万物生存说　列子论自然，能生能化，就是不生不化，不生不化，就是有生有化。和佛家不生不灭，不增不减，色不异空，空不异色，色即是空，空即是色相仿。他告弟子道：

> 壶子何言哉？虽然夫子尝语伯昏瞀人，吾侧闻之，试以告女，其言曰："有生不生，有化不化，不生者能生生，不化者能化化，生者不能不生，化者不能不化，故常生常化，常生常化者，无时不生，无时不化；阴阳尔，四时尔，不生者疑独，不化者往复，其际不可终，疑独其道不可穷。黄帝书曰：'谷神不死，是谓玄牝，玄牝之门，是谓天地之根，绵绵若存，用之不勤。'故生物者不生，化物者不化，自生自化，自形自色，自智自力，自消自息，谓之生化形色智力消息者，非也。"

列子又说道本无形，并非一个实体，实在是空虚的。不过怎样能生成万物呢？他把有与无的中间设种种过程，再假定悬隔显著的二概念，使它渐渐接近。他说道：

> 昔者圣人因阴阳以统天地，夫有形者生于无形，则

天地安从生？故曰有太易，有太初，有太始，有太素；太易者未见气也，太初者气之始也，太始者形之始也，太素者质之始也；气形质具而未相离，故曰浑沦，浑沦者言万物相浑沦而未相离也。视之不见，听之不闻，循之不得，故曰易也；易无形埒，易变而为一，一变而为七，七变而为九，九变者容也，乃复变而为一；一者形变之始也，清轻者上为天，浊重者下为地，冲和气者为人，故天地含精，万物化生。

又说：

天地无全功，圣人无全能，万物无全用；故天职生覆，地职形载，圣职教化，物职所宜；然则天有所短，地有所长，圣有所否，物有所通；何则生覆者不能形载，形载者不能教化，教化者不能违所宜，宜定者不出所位；故天地之道非阴则阳，圣人之教非仁则义，万物之宜非柔则刚；此皆随所宜而不能出所位者也。故有生者，有生生者，有形者，有形形者，有声者，有声声者，有色者，有色色者，有味者，有味味者，生之所生者死矣，而生生者未尝终，形之所形者实矣，而形形者未尝有，声之所声者闻矣，而声声者未尝发，色之所色者彰矣，而色色者未尝显，味之所味者尝矣，而味味者未尝呈，皆无为之职也。能阴能阳，能柔能刚，能短能长，能圆能方，能生能死，能暑能凉，能浮能沉，能宫能商，能出能没，能玄能黄，能甘能苦，能膻能香。无知也，无能也；而无不知也，而无不能也。

（二）万物定命说　万物的生成由道支配它，非偶然的，乃必然的，这就是万物的定命。他说道：

黄帝书曰："形动不生形而生影，声动不生声而生响，无动不生无而生有，形必终者也，天地终乎？与我偕终，终进乎不止也。道终乎本无始，进乎本不久；有生则复于不生，有形则复于无形；不生者非本不生者也，无形者非本无形者也；生者理之必终者也，终者不得不终，亦如生者之不得不生；而欲恒其生，尽其终，惑于数也。精神者天之分，骨骸者地之分，属天清而散，属地浊而聚，精神离形，各归其真，故谓之鬼；鬼归也，归其真宅。"黄帝曰："精神入其门，骨骸反其根，我尚何存？"

力谓命曰："若之功奚若我哉？"命曰："汝奚功于物？而欲比朕。"力曰："寿夭穷达贵贱贫富，我力之所能也。"命曰："彭祖之智而寿八百，颜渊之才不出众人之下而寿四八，仲尼之德不出诸侯之下而困于陈蔡，殷纣之行不出三仁之上而居君位，季札无爵于吴，田恒专有齐国，夷齐饿于首阳，季氏富于展禽，奈何寿彼而夭此，穷圣而达逆，贱贤而贵愚，贫善而富恶耶？"力曰："若如若言，我固无功于物，而物若此耶？此则若之所制耶？"命曰："既谓之命，奈何有制之者耶？朕直而推之，曲而任之，自寿自夭，自穷自达，自贵自贱，自富自贫，朕岂能识之哉？朕岂能识之哉？"

可以生而生，天福也，可以死而死，天福也；可以生而不生，天罚也，可以死而不死，天罚也；可以生，可以死，得生得死有矣；不可以生，不可以死，或生或死有矣；然而生生死死，非物非我，皆命也；智之所无奈何。故曰：窈然无际，天道自会，漠然无分，天道自运；天地不能犯，圣智不能干，鬼魅不能欺；自然者，默之成之，平之宁之，将之迎之。

（三）修为说　张湛作《列子序》说道："其书大略明群有以至虚为宗，万品以终灭为验，神惠以凝寂常全，想念以著物自丧，生觉与化梦等情，巨细不限一域，穷达无假智力，治身贵于肆任，顺性则所之皆适，水火可蹈，忘怀则无幽不照，此其旨也。"这都是讲列子的修身工夫。列子曾说道：

学于夫子（老商），三年之后，心不敢念是非，口不敢言利害，始得夫子一眄而已；五年之后，心庚念是非，口庚言利害，夫子始一解颜而笑；七年之后，从心之所念，庚无是非，从口之所言，庚无利害，夫子始一引吾并席而坐；九年之后，横心之所念，横口之所言，亦不知我之是非利害欤？亦不知彼之是非利害欤？……内外进矣，而后眼如耳，耳如鼻，鼻如口，无不同也；心凝形释，骨肉都融，不觉形之所倚，足之所履，随风东西，犹木叶干壳，竟不知风乘我邪？我乘风乎？

列子问关尹曰："至人潜行不空，蹈火不热，行乎万物之上而不栗，请问何以至于此？"关尹曰："是纯气之守也,非智巧果敢之列。……彼将处乎不深之度,而藏乎无端之纪,游乎万物之所终始;壹其性,养其气,含其德,以通乎物之所造;夫若是者,其天守全,其神无却,物奚自入焉?夫醉者之坠于车也,虽疾不死,骨节与人同,而犯害与人异,其神全也;乘亦弗知也,坠亦弗知也,死生惊惧不入乎其胸,是故逆物而不慴;彼得全于酒而犹若是,而况得全于天乎?圣人藏于天,故物莫之能伤也。"

《列子》一书,颇有精采,不过有许多见于《庄子》,这就是不可靠的地方。

第四节　庄子

庄子为宋蒙人,蒙在河南归德府城东北,名周,周尝为蒙漆园吏。庄子和孟子同时,亦在齐宣王梁惠王时,《史记》载楚威王闻其贤,遣使厚币迎之以为相,庄周笑谓使者曰:"千金重利也,卿相尊位也,子独不见郊祭之牺牛乎?养之数岁,衣以文绣,入以太庙,当是时欲为孤豚而不得。子亟去,勿污我,我宁游戏污渎之中以自快。"庄子的书在《汉书·艺文志》为五十二篇,现今所传为三十三篇;严君平作《老子指归》,引用篇目,如《阏弈》、《意修》、《危言》、《游凫》、《子胥》等,《史记列传》,

如《畏累》、《虚元》等，今三十三篇中皆不属；三十三篇为郭子玄所删定，内篇七篇，外篇十五篇，杂篇十一篇；内篇庄子自作，文章极奇变，用字极崭新，如怒而飞、德之和、泠然善、湿灰、杜德机、杜权、善者机、冲气机、未始出吾宗等，内篇篇名各三字，为《逍遥游》、《齐物论》、《养生主》、《人间世》、《德充符》、《大宗师》、《应帝王》等，乃庄子发挥自己的根本主义；外篇杂篇篇名各二字，间有三字；《井观琐言》载古史谓"《庄子·让王》、《盗跖》、《说剑》诸篇，皆后人搀入者，今考其文字体制信然，如《盗跖》之文，非惟不类先秦文，亦不类西汉人文字；然自太史公以前即有之，则有不可晓者。尝观其前如《马蹄》、《胠箧》诸篇，文意凡近，视《逍遥游》、《大宗师》诸篇殊不相侔。"又朱子说："庄子不知何所传授，却自见得道体。"而吕东莱以为庄周是田子方学派，韩退之亦有此说。但是他的思想，确是继绍老子的。

（一）道说　老子把道当作宇宙的本体看，既不是寻常的道德，亦不是神秘的宗教，庄子继续老子，亦是这样，且说得更透彻。他说道：

> 道恶乎隐而有真伪，言恶乎隐而有是非；道恶乎往而不存，言恶乎存而不可；道隐于小成，言隐于荣华。
> 夫道未始有封，言未始有常，为是而有畛也；请言其畛，有左有右，有伦有义，有分有辩，有竞有争，此之谓八德。
> 夫道有情有信，无为无形，可传而不可受，可得而不可见；自本自根，未有天地，自古以固存；神鬼神帝，

生天生地；在太极之先而不为高，在六极之下而不为深，先天地生而不为久，长于上古而不为老。

何谓道？有天道，有人道，无为而尊者天道也，有为而累者人道也，主者天道也，臣者人道也，天道之与人道也相去远矣，不可以不察也。

以道观言，而天下之君正，以道观分，而君臣之义明，以道观能，而天下之官治，以道泛观，而万物之应备。

夫道覆载万物者也，洋洋乎大哉，君子不可以不刳心焉。

天道运而无所积，故万物成，帝道运而无所积，故天下归，圣道运而无所积，故天下归。

东郭子问于庄子曰："所谓道恶乎在？"庄子曰："无所不在。"东郭子曰："期而后可。"庄子曰："在蝼蚁。"曰："何其下耶？"曰："在稊稗。"曰："何其愈下耶？"曰："在瓦甓。"曰："何其愈甚耶？"曰："在屎溺。"

知谓无为谓曰："予欲有问乎，若何思何虑则知道？何处何服则安道？何从何道则得道？"三问而无为谓不答也，非不答，不知答也。知不得问，反而睹狂屈焉，知以之言也问乎狂屈，狂屈曰："唉！予知之，将语若，中欲言而忘其所欲言。"知不得问，反于帝宫，见黄帝而问焉。黄帝曰："无思无虑始知道，无处无服始安道，无从无道始得道。"知问黄帝曰："我与若知之，彼与彼不知也，其孰是邪？"黄帝曰："彼无为谓真是也，狂屈似之；我与汝终不近也。夫知者不言，言者不知，故圣人行不言之教。"

故曰：失道而后德，失德而后仁，失仁而后义，失义而后礼，礼者道之华而乱之首也。故曰：为道者日损，损之又损，以至于无为，无为而无不为也。

于是泰清问乎无穷曰："子知道乎？"无穷曰："吾不知。"又问乎无为，无为曰："吾知道。"曰："子之知道，亦有数乎？"曰："有。"曰："其数若何？"曰："吾知道之可以贵，可以贱，可以约，可以散，此吾所以知道之数也。"泰清以之言也，问乎无始曰："若是，则无穷之弗知，与无为之知，孰是而孰非乎？"无始曰："不知深矣，知之浅矣，弗知内矣，知之外矣。"于是泰清终而叹曰："弗知乃知乎？知乃不知乎？孰知不知之知。"无始曰："道不可闻，闻而非也，道不可见，见而非也，道不可言，言而非也，知形形之不形乎，道不当名。"无始曰："有问道而应之者，不知道也；虽问道者亦未闻道，道无问，问无应；无问问之，是问穷也，无应应之，是无内也；以无内待问穷，若是者，外不观乎宇宙，内不知乎太初；是以不过乎昆仑，不游乎太虚。"

庄子所说的道，就是自然，就是无为，就是道可道非常道。原来和老子是同样的。

（二）反智说 孟子说"是非之心知也"，而老子偏说"智慧出有大伪"。庄子又推阐其说，以至世间的是非、曲直、长短、大小，人生的死生、存亡、寿夭、病痛、贫富、贵贱、智愚、贤不肖，皆被一样看待，无所用其知觉和分别。这就是庄子比较老子尤甚的地方。他说道：

> 以指喻指之非指，不若以非指喻指之非指也；以马喻马之非马，不若以非马喻马之非马也；天地一指也，万物一马也。
>
> 天下莫大于秋毫之末，而太山为小；莫寿乎殇子，而彭祖为夭；天地与我并生，而万物与我为一。
>
> 民湿寝则腰疾偏死，鳅然乎哉？木处则惴栗恂惧，猨猴然乎哉？三者孰知正处？民食刍豢，麋鹿食荐，蝍且甘带，鸱鸦耆鼠，四者孰知正味？猨猵狙以为雌，麋与鹿交，鳅与鱼游，毛嫱丽姬，人之所美也，鱼见之深入，鸟见之高飞，麋鹿见之决骤，四者孰知天下之正色哉？自我观之，仁义之端，是非之涂，樊然淆乱，吾恶能知其辩？
>
> 予恶乎知说生之非惑耶？予恶乎知恶死之非弱丧而不知归者耶？丽之姬艾封人之子也，晋国之始得之也，涕泣沾襟，及其至于王所，与王同筐床，食刍豢，而后悔其泣也。予恶乎知死者不悔其始之蕲生乎？梦饮酒者旦而哭泣，梦哭泣者旦而田猎，方其梦也，不知其梦也，梦之中又占其梦焉，觉而后知其梦也，且有大觉而后知此其大梦也。
>
> 既使我与若辩矣，若胜我，我不若胜，若果是也？我果非也邪？我胜若，若不吾胜，我果是也？而果非也邪？其或是也？其或非也邪？其俱是也？其俱非也邪？我与若不能相知也，则人固受其黮暗，吾谁使正之？使

同乎若者正之，既与若同矣，恶能正之？使同乎我者正之，既同乎我矣，恶能正之？使异乎我与若者正之，既异乎我与若矣，恶能正之？使同乎我与若者正之，既同乎我与若矣，恶能正之？然则我与若与人俱不能相知，而待彼也邪？

昔者庄周梦为胡蝶，栩栩然胡蝶也，自喻适志与，不知周也；俄然觉，则蘧蘧然周也；不知周之梦为胡蝶与？胡蝶之梦为周与？周与胡蝶则必有分矣，此之谓物化。

吾生也有涯，而知也无涯，以有涯随无涯，殆已。已而为知者，殆而已矣。

适来夫子时也，适去夫子顺也，安时而处顺，哀乐不能入也，古者谓是帝之悬解。

指穷于为薪，火传也，不知其尽也。

死生亦大矣，而不得与之变。虽天地覆坠，亦将不与之遗。

死生存亡，穷达贫富，贤与不肖，毁誉饥渴寒暑，是事之变，命之行也；日夜相代乎前，而知不能规乎其始者也；故不足以滑和，不可入于灵府，使之和豫通而不失于兑；使日夜无却，而与物为春，是接而生时于心者也。

泉涸，鱼相与于陆，相响以湿，相濡以沫，不如相忘于江湖。与其誉尧而非桀也，不如两忘而化其道。夫大块载我以形，劳我以生，佚我以老，息我以死，故善吾生者，乃所以善吾死也。

浸假而化予之左臂以为鸡，予因以求时夜；浸假而化予之右臂以为弹，予因以求鸮炙；浸假而化予之左尻以为轮，以神为马，予因以乘之，岂更驾哉？且夫得者时也，失者顺也，安时而处顺，哀乐不能入也，此古之所谓悬解也。

今大冶铸金，金踊跃曰："我且必为镆铘。"大冶必以为不祥之金。今一犯人之形，而曰"人耳人耳"，夫造化者必以为不祥之人。今一以天地为大炉，以造化为大冶，恶夫往而不可哉？

彼以生为附赘县疣，以死为决疣溃痈，夫若然者，又恶知死生先后之所在？假于异物，托于同体，忘其肝胆，遗其耳目，反覆终始，不知端倪。

夫至德之世，同与禽兽居，族与万物并，恶乎知君子小人哉？同乎无知，其德不离，同乎无欲，是谓素朴，素朴而民性得矣。

故绝圣弃知，大盗乃止。

上诚好知而无道，则天下大乱矣。

是其始死也，我独何能无概然？察其始而本无生，非徒无生也，而本无形，非徒无形也，而本无气，杂乎芒芴之间，变而有气，气变而有形，形变而有生，今又变而之死，是相与为春秋冬夏四时行也。

生者假借也，假之而生，生者尘垢也，死生为昼夜。

死无君于上，无臣于下，亦无四时之事，从然以天地为春秋，虽南面王乐不能过也。

（三）修为说　庄子所说做人之道，亦与老子大略相同。他说道：

> 至人无己，神人无功，圣人无名。
>
> 许由曰……吾将为名乎？名者实之宾也，吾将为宾乎？鹪鹩巢于深林，不过一枝，偃鼠饮河，不过满腹；归休乎君，予无所用天下为？庖人虽不治庖，尸祝不越樽俎而代之矣。
>
> 为善无近名，为恶无近刑，缘督以为经，可以保身，可以全身，可以养亲。
>
> 泽雉十步一啄，百步一饮，不蕲畜乎樊中，神虽王，不善也。
>
> 回曰："敢问心斋？"仲尼曰："若一志，无听之以耳，而听之以心，无听之以心，而听之以气；耳止于听，心止于符，气也者，虚而待物者也；唯道集虚，虚者心斋也。"
>
> 蘧伯玉曰："善哉问乎？戒之慎之，正汝身哉？形莫若就，心莫若和，虽然之二者有患；就不欲入，和不欲出，就而入，且为颠为灭为崩为蹶，心和而出，且为声为名为妖为孽。彼且为婴儿，亦与之为婴儿，彼且为无町畦，亦与之为无町畦，彼且为无崖，亦与之为无崖，达之入于无疵。"
>
> 颜回曰："回益矣。"仲尼曰："何谓也？"曰："回忘仁义矣。"曰："可矣，犹未也。"它日复见，曰："回益矣。"曰："何谓也？"曰："回忘礼乐矣。"曰："可矣，犹未也。"它日复见，曰："回益矣。"曰："何谓也？"

曰:"回坐忘矣。"仲尼蹴然曰:"何谓坐忘?"颜回曰:"堕肢体,黜聪明,离形去知,同于大通,此谓坐忘。"仲尼曰:"同则无好也,化则无常也,而果其贤乎?丘也请从而后也。"

无为名尸,无为谋府,无为事任,无为知主,体尽无穷而游无朕,尽其所受于天而无见得,亦虚而已。至人之用心若镜,不将不逆,应而不藏,故能胜物而不伤。

古之治道者,以恬养知,生而无以知为也,谓之以知养恬;知与恬交相养,而和理出其性;夫德和也,道理也,德无不容仁也,道无不理义也,义明而物亲中也,中纯实而反乎情乐也,信行容体而顺乎文礼也,礼乐偏行,则天下乱矣。

游心于淡,合气于漠,顺物自然而无容私焉,而天下治矣。

以上所述庄子学说的大略。

第五章　墨家

第一节　墨子

《墨子》年代很不容易查考，应以孟子说为根据，孟子说："圣王不作，诸侯放恣，处士横议，杨朱墨翟之言盈天下，天下之言，不归杨，则归墨。"又说："逃墨必归于杨，逃杨必归于儒。"又载："墨者夷之，因徐辟而求见孟子。"从这方面看来，当孟子时代，杨墨徒党已满天下，那末墨子比较孟子先百余年。《贵义篇》载："子墨子南游于楚，献惠王以老辞，使穆贺见子墨子。"按惠王去位，当周考王九年，去孔子死四十七年，墨子正流寓四方，他的年龄正当四五十岁，那末他的生时，正当孔子晚年。又《耕柱篇》载"子夏之徒问于子墨子曰"，那末墨子稍后于七十子，和子思、列子等同时。墨子游说诸侯，政策不行。有人说墨子是宋人，因公输般为楚作云梯，墨子急去救宋，所以当墨子为宋人。又有人说墨子主张兼爱，他的救宋是贯彻他的主张，不能当作他就是宋人。所以墨子究竟是哪一国的人，实在是一个疑问。

孟子一度排斥墨子，吾国学者就因此不尊墨子，不过一读墨子的书，到处可以看到忧世忧民的地方。他说道："凡入国必择务而从事焉，国家昏乱则语之尚贤尚同，国家贫则语之节用节葬；国家熹音湛湎，则语之非乐非命；国家淫僻无礼，则语之尊天事鬼；国家务夺侵凌，则语之兼爱。"墨子不但学问渊博，并且长于攻城野战守御防备，以及兵甲械具筑城旗帜的方法，无不明通。汉刘子政称墨子为战国贤大夫，确是知言。

《史记》太史公谈论六家要指，关于墨家方面，说道："墨者亦尚尧舜之道，言其德行曰：堂高三尺，土阶三等，茅茨不翦，采椽不刮，食土簋，啜土刑，粝粱之食，藜藿之羹，夏日葛衣，冬日鹿裘，其送死桐棺三寸，举音不尽其哀，教丧礼，必以此为万民之率，使天下法若此，则尊卑无别也。夫世异时移，事业不必同，故曰：俭而难遵。要曰强本节用，则人给家足之道也。"又《汉书·艺文志》说："墨家盖出于清庙之守，茅屋采椽，是以贵俭，养三老五更，是以兼爱，选士大射，是以上贤，宗祀贤父，是以右鬼，顺四时而行，是以非命，以孝视天下，是以上同，此其所长也；及蔽者为之，见俭之利，因以非礼；推兼爱之意，而不知别亲疏。"《史记》、《汉书》议论，较为允当，可以知道墨家的大略。现将他的学说略载于下。

（一）兼爱说　兼爱是墨子根本观念，他的主张非攻、节用、节葬、非乐等，都是从兼爱衍出来。孟子说："墨子兼爱，摩顶放踵，利天下为之。"这话最能包括墨子的大概。他的主张兼爱，和孔子的大同，释伽的慈悲，耶稣的博爱，没有多大的分别。不过孔子全是理想，墨子确能实行。释伽和耶稣是宗教家，墨子的天志明鬼，似宗教家而实非宗教家。他说道：

圣人以治天下为事者也，不可不察乱之所自起；当察乱何自起？起不相爱；臣子之不孝君父，所谓乱也，子自爱不爱父，故亏父而自利，弟自爱不爱兄，故亏兄而自利，臣自爱不爱君，故亏君而自利，此所谓乱也。虽父之不慈子，兄之不慈弟，君之不慈臣，此亦天下之所谓乱也；父自爱也不爱子，故亏子而自利，兄自爱也不爱弟，故亏弟而自利，君自爱也不爱臣，故亏臣而自利，是何也？皆起不相爱。虽至天下之为盗贼者亦然，盗爱其室，不爱异室，故窃异室以利其室；贼爱其身，不爱人，故贼人以利其身，此何也？皆起不相爱。虽至大夫之相乱家，诸侯之相攻国者亦然，大夫各爱家不爱异家，故乱异家以利家；诸侯各爱其国不爱异国，故攻异国以利其国。天下之乱物，具此而已矣，察此何自起？皆起不相爱。若使天下兼相爱，人若爱其身，恶施不孝？犹有不慈者乎？视子弟与臣若其身，恶施不慈？不慈不孝亡有。犹有盗贼乎？故视人之室若其室，谁窃？视人身若其身，谁贼？故盗贼亡有。犹有大夫之相乱家、诸侯之相攻国者乎？视人家若其家，谁乱？视人国若其国，谁攻？故大夫之相乱家，诸侯之相攻国者亡有。若使天下兼相爱，国与国不相攻，家与家不相乱，盗贼无有，君臣父子皆能孝慈，若此则天下治。故圣人以治天下为事者，恶得不禁恶而劝爱；故天下兼相爱则治，相恶则乱。故子墨子曰："不可以不劝爱人者此也。"

凡天下祸篡怨恨，其所以起者，以不相爱生也；是以仁者非之，既以非之，何以易之？子墨子言曰"以兼相爱交相利之法易之。……视人之国若视其国，视人之家若视其家，视人之身若视其身。"

墨子的非攻主义，就是兼爱主义。因为攻战就是不兼爱的罪恶。他说道：

> 今有一人，入人园圃，窃其桃李，众闻则非之，上为政者，得则罚之，此何也？以亏人自利也。至攘人犬豕鸡豚者，其不义又甚入人园圃窃桃李，是何故也？以亏人愈多，其不仁兹甚，罪益厚。至入人栏厩取人马牛者，其不仁义又甚攘人犬豕鸡豚，此何故也？以其亏人愈多；苟亏人愈多，其不仁兹甚，罪益厚。至杀不辜人也，扡其衣裘取戈剑者，其不义又甚入人栏厩取人马牛，此何故也？以其亏人愈多；苟亏人愈多，其不仁兹甚矣，罪益厚。当此天下之君子，皆知而非之，谓之不义；今至大为攻国则弗知非，从而誉之谓之义；此何谓知义与不义之别乎？杀一人谓之不义，必有一死罪矣，若以此说，往杀十人，十重不义，必有十死罪矣，杀百人，百重不义，必有百死罪矣。当此天下之君子，皆知而非之，谓之不义，今至大为不义，攻国则弗之非，从而誉之谓之义，情不知其不义也，故书其言以遗后世。

> 兴师以攻伐邻国，久者终年，速者数月，男女久不相见，此所以寡人之过也。

> 今大国之攻小国，攻者农夫不得耕，妇人不得织，以守为事。攻人者，亦农夫不得耕，妇人不得织，以攻

为事。

墨子的节用主义,亦是从兼爱来的;因兼爱的人,必能判别利害,节用可以取利而远害。他说道:

> 宫室不可不节,衣服不可不节,饮食不可不节,舟车蓄私不可不节,凡此五者,圣人之所俭节也,小人之所淫佚也,俭节则昌,淫佚则亡,此五者不可不节。
>
> 凡足以奉给民用则止,诸加费于民者,圣王弗为,故用财不费,民德不劳;反是则其使民劳,其籍敛厚,民财不足冻饿而死者,不可胜数。

墨子主张,不但生人要节用,就是死者也要节用,这叫做节葬。他说道:

> 正夫贱人死者殆竭家室,诸侯死者殆虚府库。

他并且反对久丧,说道:

> 处丧之法。……哭泣不秩声。翁!缞绖,垂涕,处倚庐,寝苫枕凷。又相率强不食而为饥,薄食而为寒。使面目陷隤,颜色黧黑,耳目不聪明,手足不健强不可用也。……必扶而后起,杖而能行,以此共三年。……使王公大人行此,则必不能蚤朝。……使农夫行此,则必不能蚤出夜入,耕稼树艺。使百工行此,则必不能修

舟车为器皿矣。使妇人行此，则必不能夙兴夜寐，纺绩织纴。

以原葬久丧者为政，君死丧之三年，父母死丧之三年，妻与后子死者，五，皆丧之三年。然后伯父叔父兄弟孽子其族人，五月。姑姊甥舅皆有月数。则毁瘠必有制矣。……苟其饥约又若此矣，是故百姓冬不仞寒，夏不仞暑，作疾病死者不可胜计也。此其为败男女之交多矣。以此求众，譬犹使人负剑而求其寿也。

孟子曾说过："墨子治丧也，以薄为其道也。"又说："盖上世尝有不葬其亲者，其亲死则举而委之于壑，他日过之，狐狸食之，蝇蚋姑嘬之，其颡有泚，睨而不视；夫泚也，非为人泚，中心达于面目，盖归反虆梩而掩之，掩之诚是也；则孝子仁人之掩其亲，亦必有道矣。"可见墨家的薄葬短丧，和儒家的厚葬久丧处反对地位。不过孔子亦曾说过："丧与其易也宁戚。"颜渊死，门人欲厚葬他，孔子亦说："不可。"又《戴记·檀弓》载："昔者夫子居于宋，见桓司马自为石椁，三年而不成，夫子曰：'若是其靡也，死不如速朽之愈也。'"那末孔子并未曾主张过厚丧厚葬；不过因宰我欲短三年之丧，孔子确说过"子生三年，然后免于父母之怀，夫三年之丧，天下之通丧也"等话。又孟子葬母，弟子充虞问道："木若以美然？"孟子说："古者棺椁无度，中古棺七寸，椁称之。……得之为有财，古之人皆用之，吾何为独不然。且比化者无使土亲肤，于人心独无恔乎？吾闻之也，君子不以天下俭其亲。"照这段书看来，好像孟子主张厚葬的，但是孟子的后丧逾前丧，乐正子曾说明："前以士，后以大夫，前以三鼎,后以五鼎……非所谓逾也,贫富不同也。"那末"丧具称家之有无",孟子并非贫而后葬,亦可以知道了。

墨子又主张非乐,也是从兼爱主义来的他以为乐亦是靡费之一,靡费就不兼爱,所以和节用节葬是同样性质的。他说道:

> 为乐非也。今王公大人虽无造为乐器,以为事于国家,非直掊潦水,拆壤垣而为之也;将必厚措敛乎万民,以为大钟鸣鼓琴瑟竽笙之声,譬之若圣王之为舟车也,即我弗敢非也。……舟用之水,车用之陆,君子息其足焉,小人休其肩背焉,故万民出财赍而予之,不敢以为感恨者,何也?以其反中民之利也,然则反中民之利亦若此,即我弗敢非也。然则当用乐器,民有三患,饥者不得食,寒者不得衣,劳者不得息,三者民之巨患。然即当为之撞巨钟、击鸣鼓、弹琴瑟、吹竽笙而扬干戚,民衣食之财,将安可得乎?即我以为未必然也。
>
> 今惟毋在乎王公大人说乐而听之,即必不能蚤朝晏退听狱治政,是故国家乱而社稷危矣。
>
> 今惟毋在乎士君子说乐而听之,即必不能竭股肱之力,亶其思虑之智,内治官府,外收敛关市、山林、泽梁之利以实仓廪府库,是故仓廪府库不实。今惟毋在乎农夫说乐而听之,即必不能蚤出暮入,耕稼树艺,多聚升粟不足。今惟毋在乎妇人说乐而听之,即必不能夙兴夜寐,纺绩织纴,多治麻丝葛绪捆布缪,是故布缪不兴。

墨子的非乐,太忽略精神方面。难道人生在世,除了衣食住行物质方面需要外，所有精神生活美感陶冶，统共置之不顾么？

（二）非命说　墨子的非命说，的确合乎现今物竞天择优胜劣败的公例。只有儒家道家言命，不过儒家言命，并非迷信，如孔子既说："不知命，何以为君子也。"然又说："不怨天，不尤人，下学而上达，知我者，其天乎？""人不知而不愠，不亦君子乎？"孟子既说："莫非命也，顺受其正。"然又说："是故知命者不立乎岩墙之下，尽其道而死者，正命也，桎梏死者，非正命也。"可见儒家言命，不废人为，和申包胥"人定胜天，天定亦能胜人"的言论相合。兹将墨子的非命说录下。

> 今用执有命者之言，则上不听治，下不从事。上不听治则刑政乱，下不从事则财用不足。上无以供粢盛酒醴，祭祀上帝鬼神，降绥天下贤可之士。外无以应待诸侯之宾客，内无以食饥衣寒将养老弱。故命上不利于天，中不利于鬼，下不利于人，而强执此者，此持凶言之所自生，而暴人之道也。
>
> 今也王公大人之所以早朝晏退，听狱治政，终朝均分而不敢怠倦者，何也？曰：彼以为强必治，不强必乱，强必宁，不强必危，故不敢怠倦。今也卿大夫之所以竭股肱之力，殚其思虑之知，内治官府，外敛关市、山林、泽梁之利，以实官府而不敢怠倦者，何也？曰：彼以为强必贵，不强必贱，强必荣，不强必辱，故不敢怠倦。今也农夫之所以蚤出暮入，强乎耕稼树艺，多聚升粟而不敢怠倦者，何也？曰：彼以为强必富，不强必贫，强必饱，不强必饥，故不敢怠倦。今也妇人之所以夙兴夜寐，

强乎纺绩织纴，多治麻丝葛绪布縿而不敢怠倦者，何也？曰：彼以为强必富，不强必贫，强必暖，不强必寒，故不敢怠倦。今惟毋在乎王公大人，真若信有命而致行之，则必怠乎听狱治政矣，卿大夫必怠乎治官府矣，农夫必怠夫耕稼树艺矣，妇人必怠乎纺绩织纴矣。王公大人怠乎听狱治政，卿大夫怠乎治官府，则我以为天下必乱矣。农夫怠乎耕稼树艺，妇人怠乎纺绩织纴，则我以为天下衣食之财将必不足矣。

墨子的非命，确在吾国理学史上放一异彩。虽十六世纪以后科学世界之见识之议论，亦不过尔尔，不得不感叹吾国开化独早，人民智识发达最先。不过墨子既不信命，何以又信天，又信鬼？非命以外，偏偏有天志明鬼；难道命与天矛盾不并立？那末孔子所说"死生有命，富贵在天"是两桩事么？

第六章　其他诸家

第一节　法家诸子

《史记》太史公谈论六家要指，关于法家方面，说道："法家不别亲疏，不殊贵贱，一断于法，则亲亲尊尊之恩绝矣，可以行一时之计，而不可长用也；故曰严而少恩。若尊主卑臣，明分职不得相逾越，虽百家弗能改也。"又《汉书·艺文志》曰："法家者流，盖出于理官，信赏必罚，以辅礼制。《易》曰：'先王以明罚饬法。'此其所长也。及刻者为之，则无教化，去仁爱，专任刑法，而欲以致治，至于残害至亲，伤恩薄厚。"这两段对于法家描摩尽致。兹将法家诸子录下。

（一）管仲　《汉书·艺文志》把管仲作道家，不过《七略》当他为法家。最可惜的《管子》一书为后人所伪托，实在无可记录。现在但就太史公所作列传中的管子摘记一二，以存管子的真相。

> 管仲夷吾者，颍上人也。……任政于齐，齐桓公以霸，九合诸侯，一匡天下，管仲之谋也。……管仲既任政相齐，

以区区之齐在海滨，通货积财，富国强兵，与俗同好恶。故其称曰："仓廪实而知礼节，衣食足而知荣辱，上服度则六亲固，四维不张，国乃灭亡。"下令如流水之源，令顺民心，故论卑而易行。俗之所欲，因而予之，俗之所否，因而去之。其为政也，善因祸而为福，转败而为功，贵轻重，慎权衡。桓公实怒少姬，南袭蔡，管仲因而伐楚，责包茅不入贡于周室。桓公实北征山戎，而管仲因而令燕修召公之政。于柯之会，桓公欲背曹沫之约，管仲因而信之，诸侯由是归齐。故曰知与之为取，政之实也。……

太史公曰："吾读管氏《牧民》、《山高》、《乘马》、《轻重》、《九府》……详哉其言之也。既见其著书，欲观其行事，故次其传。至其书世多有之，是以不论，论其轶事，管仲世所谓贤臣，然孔子小之。岂以为周道衰微，桓公既贤而不勉之至王，乃称霸哉？语曰：'将顺其美，匡救其恶，故上下能相亲也。'岂管仲之谓乎？……"

（二）申不害　申不害本为郑国贱臣，后见韩昭侯，昭侯用为相，十五年间敌不敢侵韩。周显王三十三年死去。太史公说："申子之学本于黄老，而主刑名。著书二篇，号《申子》。"《汉书·艺文志》有法家《申子》六篇，今已亡。他的学说，主张客观的，普遍的。不主张主观的，特殊的。客观与普遍，就是万物进动；主观与特殊就是心。人君须把万物进动为标准，如过专用主观的心，不免偏于一隅，万不可靠。故说道："去听无以闻则聪，去视无以见则明，去智无以知则公。"他的思想和口吻，颇像老子，说道："至智弃智，至仁忘仁，至德不德。"他主张无为政治，说道:"因者君术也,为者臣道也,为则扰矣,因则静矣。因冬为寒,因夏为暑,君奚事哉?故曰:君道无知无为,而贤于有知有为,则得之矣。"他又主张专任法,说道:"法者见功而与贵,因能而受官。"又说:"君必明法正义,若悬权衡以称轻重,所以一群臣也。"又说:"尧之治也,善明法察令而已。圣君任法而不任智,任数而不任说。黄帝之治天下,置法而不变,使民安乐其法也。"

荀子说:"申子蔽于势而不知智。"太史公说:"申子卑卑,施于名实。"照他二人的议论,不害的学术,亦可想而知了。

(三)商鞅 太史公说:"商君其天资刻薄人也。"商君姓公孙,名鞅,卫的庶孽公子。少时好刑名法术之学,闻秦孝公求贤,遂因孝公宠臣景监而得见,为秦相,定变法令,封商于地,故号商君。相秦十年,宗室大臣多怨望,孝公死,而商君被车裂以殉。《汉书·艺文志》载《商君书》二十九篇,今存二十四篇。他的主张,确系自用自专,生今反古,说道:"三代不同礼而王,五霸不同法而霸。……前世不同教,何古之法?帝王不相复,何礼之循?伏羲神农教而不诛,黄帝尧舜诛而不怒。及至文武各当时而立法,因事而制礼。……治世不一道,便国不必法古,汤武之王也,不循古而兴。殷夏之灭也,不易礼而亡。然则反古者未必可非,循礼者未足多是也。"他的本领全在富国强兵,《史记》载他所颁的制度。

>令民为什伍,而相收司连坐。不告奸者腰斩,告奸者与斩敌首同赏,匿奸者与降敌同罚。民有二男以上,不分异者,倍其赋。有军功者各以率受上爵,为私斗者

各以轻重被刑。大小僇力，本业耕织，致粟帛多者，复其身。事末利，及怠而贫者，举以为收孥。宗室非有军功，论不得为属籍。明尊卑爵秩等级，各以差次名田宅，臣妾衣服以家次。有功者显荣，无功者虽富无所芬华。

商君以刑为齐一万民的方法。说道："夫刑者，所以夺禁邪也，赏者，所以助禁也。是故重罚轻赏则民爱上，民死上。重赏轻罚，则民不爱上，民不死上。……故王者刑九而赏一，强国刑七而赏三，削国刑五而赏亦五。"照这样看，他的残酷可知。所以他临渭水论囚，渭水尽赤，是不虚的。

（四）韩非　韩非为韩诸公子，喜法术刑名。和李斯同学于荀卿，斯自知不如非。非见韩弱，上书谏韩王，王不用，作《孤愤》《五蠹》、《内外储说》、《说林》、《说难》、《饰邪》等诸篇，传至秦，秦王见而思其人。后非到秦，秦王悦，李斯、姚贾毁非，非下狱，遂自杀。太史公论非说："韩子引绳墨，切事情，明是非，其极惨礉少恩。"确是不差的。《汉书·艺文志》载《韩非子》五十五篇，今所传为五十五篇，不过其中后人伪托的亦不少。又太史公说："韩非者，韩之诸公子也，喜刑名法术之学，而其归本于黄老。"柯维骐说："申韩由黄老而流入于刑名，所谓无情之极，至于无恩者也。"凌约言说："韩非皆出于老子。"陈仁子说："论申韩之惨，而归之老子，迁之论确矣。"林希逸说："老庄之学，喜为惊世骇俗之言，故其语多有病。此章大旨（天地不仁章）不过曰天地无容心于养民，却如此下语，涉于奇怪，而读者不精，遂有深弊。故曰：申韩之惨刻，原于刍狗百姓之意，虽老子亦不容辞其责矣。"韩非以法律为至上主义，无论一言一行，须遵法律。说：“释法术而心治，尧不能正一国。去规矩而妄意度，奚仲不能成一轮。”又说：“明主之道，一法而不求智。”又说："法不阿贵，绳不挠曲，法之所加，智者弗能辞，勇者弗敢争。"又说："国无常强，无常弱，奉法者强则国强，奉法者弱则国弱。"又说："明主使法择人，不自举也。使法量功，不自度也。"又说："今不知治者，必曰得民之心，欲得民之心，而可以为治，则是伊尹管仲，无所用也，将听民而已矣。……今上急耕田垦草，以厚民产也，而以上为酷。修刑重罚以为禁邪也，而以上为严。征赋钱粟以实仓库，且以救饥馑备军旅也，而以上为贪。境内必知介而无私解，并力疾斗，所以禽虏也，而以上为暴。此四者所以治安也，而民不知悦也。"又说："宋人有耕田者，田中有株，兔走触株，折颈而死。因释其耒而守株，冀复得兔，兔不可复得，而身为宋国笑。今欲以先王之政，治当世之民，皆守株之类也。古者丈夫不耕，草木之实足食也。妇人不织，禽兽之皮足衣也。不事力而养足，人民少而财有余，故民不争。是以厚赏不行，重罚不用，而民自治。今人有五子不为多，子又有五子，大父未死而有二十五孙，是以人民众而货财寡，事力劳而供养薄，故民争。虽倍赏累罚而不免于乱。"又说："且夫以法行刑，而君为之流涕，此以效仁，非以为治也。夫垂泣不欲刑者，仁也；然而不可不刑者，法也。先生胜其法不听其泣，则仁之不可以为治亦明矣。"又说："今有不才之子，父母怒之弗为改，乡人谯之弗为动，师长教之弗为变。夫以父母之爱，乡人之行，师长之智，三美加焉而终不动，其胫毛不改；州部之吏，操官兵，推公法，而求索奸人，然后恐惧，变其节，易其行矣。故父母之爱，不足以教子，必待州部之严刑者，民固骄于爱，听于威矣。"

又韩非主张重刑轻赏，完全与商鞅同。说道："行刑重其轻者，轻者不至，重者不来，是谓以刑去刑。"又说："圣人之治民，度于本不从其欲，期于利民而已；故其与之刑，非所以恶民，爱之本也；刑胜而民静，赏繁而奸生；故治民者，刑胜，治之首也；赏繁，乱之本也。"

第二节　名家诸子

《史记》太史公谈论六家要指，关于名家方面，说道："名家苛察缴绕，使人不得反其意，专决于名而失人情。故曰：使人俭而善失真。若夫控名责实，参伍不失，此不可不察也。"又《汉书·艺文志》曰："名家者流，盖出于礼官，古者名位不同，礼亦异数，孔子曰：'必也正名乎？名不正则言不顺，言不顺则事不成。'此其所长也。及警者为之，则苟钩鈲析乱而已。"这两段对于名家发挥透辟。兹将名家诸子录下。

（一）邓析　《汉书·艺文志》列邓析为名家第一。考邓析郑国人，和子产同时，他的名颇散见于《左传》、《列子》、《荀子》、《吕览》等。邓析喜弄辩玩辞，非君子者流，今所传的为《无厚》、《转辞》二篇，中间颇不一致，恐系伪作，有接近法家的言论，如"万物自归，莫之使也"。又对于老子"圣人不死，大盗不止"的言论，反复不已。此外循名责实的语调不少，不过决非析所说。兹将《吕览》所载记下。

洧水甚大，郑之富人有溺者，人得其死者。富人请赎之，其人求金甚多。以告邓析，邓析曰："安之，人必莫之卖矣。"得死者患之，以告邓析，邓析又答之曰"安之，此必无所更买矣。"

子产治郑，邓析务难之，与民之有狱者，约大狱一衣，小狱襦袴，民之献衣襦袴而学讼者不可胜数。以非为是，以是为非，是非无度，而可与不可日变，所欲胜因胜，所欲罪因罪，郑国大乱，民口欢哗。子产患之，于是杀邓析而戮之，民心乃服，是非乃定，法律乃行。

（二）尹文　《汉书·艺文志》说："尹文子说齐宣王先公孙龙。"师古注刘向说："尹文子与宋钘同游稷下，惜其传不详。"《艺文志》有《尹文子》一篇，今所传为《大道》上下二篇，他主张"以名正形，循自然之趋势而治民"，和韩非相同。他又以圣人为主观的、个人的，圣法为客观的、普遍的，强为区别，以表示名家的特征。他说道：

名称者何，彼此而检虚实者也。自古至今，莫不用此而得，用彼而失；失者由名分混，得者由名分察；今亲贤而疏不肖，赏善而罚恶，贤不肖善恶之名宜在彼，亲疏赏罚之称宜属我，我之与彼，又复一名，名之察者也；名贤不肖为亲疏，名善恶为赏罚，合彼我之一称而不别之，名之混者也；故曰：名称者不可不察也。语曰：好牛，好则物之通称，牛则物之定形，以通称随定形，不可穷极者也。设复言好马，则后连于马矣，则好所通无方也；

设复言好人，则彼属于人也，则好非人，人非好也，则好牛好马好人之名自离矣。故曰名分不可相乱也。

照上所说，和公孙龙的白马论、坚白论，大都相同。不但有名家的称呼，就使把希腊时代的诡辩学派相比较，亦未尝不可。

（三）惠施　惠施梁相，和庄子同时，庄子尝称赞他。和公孙龙齐名。他的诡辩，（1）魏惠王和齐威王相约誓，威王背约，惠王怒，欲讨伐他，惠施教人见惠王说："蜗的左角有国叫做触，右角有国叫做蛮，争地相战，伏尸数万，追北十五日始反。今在大世界上争区区的地方，和蜗角的战争有什么两样呢？"惠王即觉悟。（2）卵有毛，钩有须。荀卿说："钩有须，卵有毛，是说之难持者也，而惠施邓析能之。"（3）无厚不可积也，微厚可积千里。这和老子无生有的意思相同。（4）鸡三足。这是说两足以外，还有使它动的。（5）马有卵。这是说胎和卵并无一定的形态，所以鸟也可以有胎，马也可以有卵。（6）轮不辗地。这是说轮不能着地，因黏滞即不能行动。（7）镞矢虽疾，不发不行，发则不止，是其疾在人而不在镞矢。（8）丁子有尾。丁子就是虾蟆，用科学眼光看来，虾蟆本是蝌蚪变的，那末蝌蚪原来有尾巴的。荀子说："夫坚白同异有厚无厚之察，非不察也，然而君子不辨，止之也。"总之这种辩论，和时代思想没有多大关系，所以尽可不去深究他。

（四）公孙龙　公孙龙赵人，字子秉，为平原君客，和孟子同时。他的言论散见于《列子》、《庄子》、《吕氏春秋》等。《汉书·艺文志》说《公孙龙子》为十四篇，今所传仅数篇。他的诡辩：（1）孤犊未尝有母。这是说既称孤犊不应有母，有母的,非孤犊,是子犊。(2)一发引千钧。这是说发所以断的缘故,因为有不平均的地方;如果不是这样,那末不会断的。(3)有影不移。这是说影的位置不变动,如果见影移动,这并非移动,乃是新生的现象。(4)有物不尽。这是说一物折半,常有两具。如果不能折半,那末常有一具,所以说有物不尽。(5)白马非马。这是说白为色,马为形,色非形,形非色,色和形不可混合。譬如求白马不见,不可以它色马代。所以说白马非马。(6)赵与秦会盟于渑,曰:赵之所攻者,秦亦攻之,秦之所攻者,赵亦攻之。既而秦攻中山,赵却救之,秦大怒。平原君患焉,召公孙龙而问之,龙曰:可向秦使言,我今欲救中山,君何不与我俱?(7)坚白论。公孙龙曰:坚白石三可乎?曰不可。二可乎?曰可。谓目视石,但见白,不知其坚,则谓之白石。手触石,则知其坚而不知其白,则谓之坚石。是坚白终不可合为一也。

以上所记名家诸子各人不同,但是所使诡辩名实两符则一。亦可以见吾国论理学的发达也不后于他国。

第三节 杂家诸子

《汉书·艺文志》以兼儒墨合名法的称为杂家。因杂取古说,不能独树一宗,不过中间亦有好辩而思想可取的。特采录如下。

(一)尸佼 尸佼鲁人,商君曾师事他,商君死,逃入蜀,所著书存的不多,他的治国意见以义为惟一方便。说道:"夫义者，万事之源也，国之所以立。"又说："贤者之治，去害义者。"他又以义为利。说道："义必利，虽桀杀关龙逢、纣杀王子比干，犹谓义之必利也。是故尧以天下与舜，曰：'富乎义乎？'舜乃曰：'义也。'舜之治天下也，天下调于玉烛，息于永风，食于膏火，饮于醴泉；而舜之德如河海，千仞之溪亦满焉，蝼蚁之穴亦满焉。普天之下，莫不润泽。此以比禹之平水土，汤之放桀，则无大小广狭之差焉。"他的这种议论，颇和邹鲁相近。他甚重德义，说道："夫德义也者，视之弗见，听之弗闻，天地以正，万物以遍，无爵而贵，不禄而尊也。"他又以道德和天地的自然法同一看待，说道："天地生万物，圣人裁之，裁物以制分，便事以立官，君臣父子上下长幼贵贱亲疏，皆得其分曰治，爱得分曰仁，施得分曰义，虑得分曰智，动得分曰适，言得分曰信，皆得其分而后为成人。明王之治民也，事少而功立，身逸而国治，言寡而令行。事少而功多，守要也。身逸而国治，用贤也。言寡而令行，正名也。"从这段看来，他又注重名分。所以他并说："陈绳则木之枉者有罪，措准则地之险者有罪，审名分则群臣之不审者有罪矣。"可见商君法的观念，就是从这面来的。

（二）吕不韦　秦相吕不韦命食客作《吕氏春秋》，又名《吕览》，有《八览》、《六论》、《十二纪》，中《期贤》篇有"当今之时世暗甚矣，人主有能明其德者，天下之士其归之也"句，确是秦一统以前的书。书中的议论：（1）社会的最大目的为利，忠臣烈士不外欲达此目的。（2）政不可不以人性为基础。（3）人的本能为欲，无欲则社会不活动，利用此欲为官吏的任务。（4）身非我所私有，乃严亲的遗骸。此外所载，有类于《中庸》的，有类于《杨子》的，有类于《管子》的，有取《老子》的，有君道尚一之说,有天人感应之说,中间非常杂驳,所以列入杂家。

杂家中亦有兵家、纵横家和类乎道家、墨家的,因和理学没有关系,故不载。

第七章　秦代

秦代没有什么学术,秦政听了荀卿的弟子李斯的话,把五帝三王相传下来的古典,除《易》认为卜筮书外,悉数焚毁无余,所以后人研究古学,不是无所依据煞费研究苦心,就是以伪乱真,鱼目混珠。这可以说是吾国学术思想史上一大打击。亦可以说秦政李斯的一大罪恶。现把太史公所作《秦本纪》关于学术消长史,略述如下。

丞相李斯曰:"五帝不相复,三代不相袭,各以治,非其相反,时变异也。今陛下创大业建万世之功,固非愚儒所知;且越言乃三代之事,何足法也。异时诸侯并争,厚招游学,今天下已定,法令出一,百姓当家则立农工,士则学习法令辟禁。今诸生不师今而学古,以非当世,惑乱黔首,丞相臣斯昧死言,古者天下散乱,莫之能一,是以诸侯并作,语皆道古以害今,饰虚言以乱实,人善其所私学,以非上之所建立。今皇帝并有天下,别黑白而定一尊,私学而相与非法教人,闻令下则各以其学议之,入则心非,出则巷议,夸主以为名,异取以为高,率群下以造谤，如此弗禁，则主势降乎上，党与成乎下，禁之便。臣请史官非秦纪皆烧之。非博士官所职，天下敢有藏《诗》、《书》百家语者，悉诣守尉杂烧之。有敢偶语《诗》、《书》弃市。以古非今者族。吏见知不举者与同罪。令下三十日不烧黥为城旦。所不去者，医药、卜筮、种树之书，若欲有学法令，以吏为师。"制曰："可。"

照这段书看来，秦代的毁灭学术思想可见一斑。而始皇和李斯的速取灭亡，亦可一览无余。

[第三编]
中古理学史

第一章　两汉理学

汉代经秦焚书坑儒以后，断简残编搜罗颇不容易，一般读书的工作，都忙在到处搜集，搜集得到以后，或执经问难，或埋头攻究，哪里有多少工夫去运用思想发明学术。譬方人家遇到兵燹或火灾以后，只得在颓垣败瓦中掘取烬余，哪里有心思去谈到新计划新建设，和怎样的建筑新屋舍。所以汉代的理学不发达，是当然的，意中的。现将对于学术较有关系的略述于下。

（一）训诂学　汉高祖即帝位，知不能以马上治天下，因此以太牢祀孔子，首先尊重儒学。同时又信奉老子，吕后、萧何、曹参、张良等亦然。因受暴秦苛政以后，清静无为的大道，最为适宜。文帝亦好黄老，躬修玄默。景帝时改《老子》为经，因诸子中老子独深远。武帝好儒，置五经博士，董仲舒对策，欲宗儒道，绝异学。后汉明帝佛教入中国，于是儒释道三教并行，直至今日。

《汉书·儒林传》说：汉代经术最盛，专家不少，不过到了东汉以后，分为今学和古学，双方意见颇深。在西汉时代，贾谊、孔安国、河间献王等都好古学，因此而《毛诗》、《古文尚书》、《左氏春秋》等传下来，《周官》最为晚出。新莽时代刘歆治《左氏春秋》和《周官》，古学因而畅行。又有许慎字叔重博学经籍，马融常推敬他,时人称"五经无双许叔重",撰《五经异议》和《说文解字》十四篇,训诂书得集大成。马融、郑玄起初均治古学,后玄杂用今古文,于是古学和今学不容易分清了。

(二)词章学 秦汉以前,并无所谓词章学,从屈原作《离骚》后,于是继续《风》、《雅》而勃兴。不过《离骚》总不外乎忠君爱国四字。汉兴,有司马相如、虞丘寿王、东方朔、枚乘、枚皋、王褒、刘向、扬雄等,锦辞绣句,耳目一新,不愧太平时代的产物。

儒学复兴和词章流行外,还有谶纬学和五行论,纬书周代已有,据说自河图洛书递嬗而来,秦史望气人说:"东南有天子气。"又卢生奏谶语:"亡秦者胡。"后汉光武中兴,因图谶早有"刘秀作天子"语,所以光武特别信奉。五行论起于汉武帝时代,往往附会经术,解释阴阳灾异,除董仲舒崇奉以外,尚有夏侯胜、京房、翼奉、刘向、谷永等。诸学以外,尚有司马迁的《史记》,贾谊的奏策,汉代文学的兴盛可以想见。至于理学方面,如陆贾论性善,贾谊论性有三,近于性三品说,刘向亦然,王充亦然,荀悦亦然,而以董仲舒、刘安、扬雄为最著。兹略述于后。

第一节 董仲舒

董仲舒汉景帝时博士。汉武帝诏求贤良方正直言极谏之士,仲舒上天人三策,武帝拔第一。仲舒治《春秋》,后为公孙弘所嫉,斥为胶西王相,以病免。居桂岩山,自号桂岩子。仲舒著《春秋繁露》

传,不过学者都以为伪作。

（一）天人合一说　仲舒说:"道之大原出于天。"又说:"先王则天以行政。"因人的系统,经父母至祖父母,经祖父母至曾祖父母,由下而上层层追溯,就可知人本于天。人的父就是天,天为人的曾祖父,故人不可不尊敬天,人不可不类似天。不过董子所说的天,颇为抽象的。如《顺命篇》所载:"父者子之天也,天者父之天也。""诸所受命者,其尊皆天也。"可知他的意思,不过以为尊者罢了。现将他的本意分析如下。

（1）天的贵重,是固然的,天子的礼,除郊（祭天）外,没有比他重的。每年正月,必先祭天,然后祭百神。逢三年之丧不祭先,然不敢废郊。可知郊比宗庙为重,天比人为重。

（2）人为天的子,故身体性情皆类天。他的意思,以天终岁之数为人身,故小节三百六十六,符一年日数。大节十二分,符一年月数。内有五脏符五行数,外有四肢符四时数。乍视乍瞑,符昼夜。乍刚乍柔,符冬夏。乍哀乍乐,符阴阳。心有计虑,符度数。行有伦理,符天地。又说:人的性情和天地一贯,如喜气取春,乐气取夏,怒气取秋,哀气取冬。天有四时,不可移易。人有四情,各得其所。

（3）天人感应,为仲舒的根本思想。天人皆有阴阳之气,阴气和阴气相应,阳气和阳气不相应,说道:所谓天地之阴气起,而人之阴气应之而起,人之阴气起,而天之阴气亦宜应之而起,其道一也。

（4）天为人的祖,不可不模仿,其道有二,一为政治组织,一为伦理体系。政治组织载在官制《象天篇》,要在三起四终,三为天数,天地人三而为德,日月星三而为光,寒暑和三而成物,三时为功，三月为时，故以三数。象君置三公，三公各置三卿，九卿各置三大夫，二十七大夫各置三士，凡百二十人，公卿大夫士为四重，四亦象天，即一岁四变而成，就是四时。伦理体系，亦以天地为法象。说道："天有五行，木火土金水是也，木生火，火生土，土生金，金生水。水为冬，金为秋，土为季夏，火为夏，木为春。春主生，夏主长，季夏主养，秋主收，冬主藏。是故父之所生，其子长之，父之所长，其子养之，父之所养，其子成之，父之所为，其子皆奉承而续行之，故父授子受，乃天之道也。故曰：夫孝者天之经也，此之谓也。风雨者地之所为，而万物之所以吹泽，然不曰地风地雨，而曰天风地雨，此即勤劳在于地，名归于天也。此非义不能，人臣事上，如地之事天，则谓大忠，此曰地之义也。忠孝则于天，此理明矣。以之配五行，忠臣之行，孝子之义，归于土之行，土者火之子也，土之于四时无所命者，不与火共功名，木名春，火名夏，金名秋，水名冬，土不与，故五行土为最贵。忠臣之义，孝子之行，取之土。"

（二）性说　仲舒的说性，和告子的生之谓性说差不多。乃抽象的，不可以善恶名状。譬如茧，茧非丝，丝就是善，未成丝时只能称为茧，不能称为丝，因职工之巧拙，或得良丝，或得不良丝。人的性必由陶铸，而后可为善、可为恶，如果当人所生时的性，而纯任自然，那末亦无所谓善，无所谓恶。他说道："民受未能善之性于天，而退受成性之教于王，王承天意，以成民之善性为任也。"又说道："性比于禾，善比于米，米出禾中，而禾未可全为米也。善出性中，而性未可全为善也。"又说道："名性不以上不以下，以其中名之。性如茧如卵，卵待覆而为雏，茧待缲而为丝，性待教而为善，此之谓真天。"是仲舒的主张性善，要必待教而成，教要必待王而明，那是始终一贯的。

仲舒反对性善，他根据有二，一是孔子所说，一为天地的化生。他说道："循三纲五纪，通八端之理，忠信为博爱，敦厚而好礼，乃可谓善，此圣人之善也。是故孔子曰：'善人吾不得而见之矣，得见有恒者斯可矣。'由是观之，圣人之所谓善未易当也，非善于禽兽，则谓之善也。"可知孔子既说不见善人，那末人性还可说是善么，人受天地的气，苟无恶的成分，那末何以有不可思议的愚不肖呢？所以又说道："人性有贪有仁，仁贪之气两在于身，身之名取诸天，天两有阴阳之施，身亦两有贪仁之性。"

仲舒的言论，未必十分深邃，无论说天说性，终难有独到处。不过汉武帝的表章六经，确和仲舒的章奏极有关系。故对于儒学的提倡，不能算为无功。惟开后世蔑视异学的端绪，亦不能不说他局量的浅狭。

第二节　刘安

刘安为淮南王，为人好读书鼓琴，不喜弋猎狗马驰骋，尝招致宾客数千人，后伍被自诣吏具告与淮南谋反，上使宗正以符节劾王，未至安自杀。高诱序说："安辩达，善属文，文帝为从父，数上书，召见，文帝甚重之，使作《离骚赋》，旦受诏，午即成，上爱而秘之。又际武帝好儒，颇为隆重。安初献内篇，帝爱秘之不出。天下方术之士多往归之，于是与苏飞、李尚、左吴、田由、雷被、伍被、晋昌等八人，及诸儒大山小山之徒，共讲论道德，总统仁义，著书二十一篇，题曰《鸿烈》，鸿，大也，烈，明也，言明大道也。"后刘向名书为《淮南子》，有内外二篇，《汉书·艺文志》称内二十一篇，外三十三篇，内篇论道，外篇杂说。

《淮南子》杂驳不纯，凡从前一切学说，无不收集，不黜老，不偏孔，容韩取庄，有天人感应说，有非鬼论，他说："睹尧之道，乃知天下之轻也。观禹之志，乃知天下之细也。原壶子之论，乃知死生之齐也。见子求之行，乃知变化之同也。"可见他思想的驳杂，所以扬雄说："圣人将有取焉尔，必也儒乎，忽出忽入，淮南也。"又王宗沐说："安《鸿烈》其说固曲学者流，毋能为吾儒重。"不过儒家在子思以后，以性为教学的中心，道家专讲虚无，专说绝对，不以性为教学的中心。只有《淮南子》一面论道，论绝对，如老子派，一面又以性为教学的中心，由性而达于绝对地位。后来道家高唱神仙的大道，和长生不死的大道，就是根据《淮南子》的观念。

（一）性道说　《淮南子》为结合万物的基础，说道："夫道有经纪条贯，得一之道，连千枝万叶。"又说："执道要之柄，而游于无穷之地。"不过道是静的虚的，所以人性亦是静的虚的。说道："人生而静，天之性也；感而后动，性之害也；物至而神应，知之动也。"又说："清净恬愉，人之性也。"人性本来静虚，他的紊乱原因，就是知诱于外，和事物接触时生好恶心，致和道相反。所以圣人不失本性。说道："达于道者，不以人易天。"天就是性，他又以性为一切行动的标准。说道："夫乘舟而惑者，不知东西，见斗极则寤矣。夫性亦人之斗极也，以有自见也，则不失物之情，无以自见，则动而惑营。"他又以人性为善，说道：

"人之性无邪，久湛于俗则易，易而忘本，合于若性。故日月欲明，浮云盖之；河水欲清，沙石涉之；人性欲平，嗜欲害之。"又说："率性而行谓之道。"这和《中庸》所说相同。至怎样反其本性？说道："省事之本，在于节欲；节欲之本，在于反性；反性之本，在于去载。去载则虚，虚则平，平者道之素也，虚者道之舍也。……能修其身者，必不忘其心；能原其心者，必不亏其性；能全其心者，必不惑于道。"

《淮南子》性善的根本思想怎样？说道："所谓为善者，静而无为也。所谓为不善者，躁而多欲也。适性辞余，无所诱惑，循性保真，无变于己。故曰：为善易。越城郭，逾险塞，奸符节，盗管金，篡杀矫诬，非人之性也。故曰：为不善难。"又说："是故圣人之学也，欲以返性于初而游心于虚也；达人之学也，欲以通性于辽廓而觉于寂漠也；若去俗世之学也则不然，擢德撑性，内愁五藏，外劳耳目。"可知他说的性善，就是虚，就是静。也可以说是儒家道家的折衷派。

（二）反仁义说　老子说："大道废，有仁义。"庄子说："及至圣人，蹩躠为仁，踶跂为义，而天下始疑矣。澶漫为乐，摘僻为礼，而天下始分矣。"《淮南子》的反仁义说颇相同。说道：

> 古之人同气于天地，与一世而优游，当此之时，无庆贺之利，刑罚之威，礼义廉耻不设，毁誉仁鄙不立，而万民莫相侵欺，暴虐犹在于混冥之中，逮至衰世，人众财寡，事力劳而养不足，于是忿争生，是以贵仁。仁鄙不齐，比周朋党，设诈谞怀机械巧故之心而性失矣，是以贵义。阴阳之情，莫不有血气之感，男女群居杂处

而无别，是以贵礼。性命之情，淫而相胁以不得已，则不和，是以贵乐。是故仁义礼乐者，可以救治，而非通治之至也。夫仁者所以救争也，义者所以救失也，礼者所以救淫也，乐者所以救忧也，神明定于天下，而心反其初，心反其初而民性善，民性善而天地阴阳从而包之，则财足而人淡矣，贪鄙忿争不得生焉，由此观之，则仁义不用矣。道德定于天下，而民纯朴。则目不营于色，耳不淫于声，坐倡而歌谣，被发而浮游，虽有毛嫱西施之色不知说也，掉羽武象不知乐也，淫泆无别不得生焉，由此观之，礼乐不用也。是故德衰然后仁生，行沮然后义立，和失然后声调，礼淫然后容饰。是故知神明然后知道德之不足为也，知道德然后知仁义之不足行也，知仁义然后知礼乐之不足修也。

《淮南子》所说一切，总是要调和儒道二家的对立。但是一方面说性是虚静，他方面又说性可率由，无论怎样调和，总不免陷于矛盾，这是无可讳言的。

第三节　扬雄

扬雄字子云，蜀郡成都人，少好学，博闻强记，目无不经，口吃不能剧谈，安贫不干富贵，一室凝思，居诸萧然。初慕司马相如风,好词赋,每作拟相如,悲屈原,作反《离骚》以吊之。年四十余,入京师,屡上赋,叙给事黄门,时董贤专权,所附皆拔擢,雄独不移官。乃拟《周易》作《太玄》,拟《论语》作《法言》。后王莽篡汉,雄为大夫,作《剧秦美新》,以颂莽德,后世丑之。现将扬雄的学说列下。

（一）玄说　扬雄阐明现象界的本体和现象界的进程,现象界进程,就是玄的作用;玄为宇宙的本体,这是从老派的思想而来;不过说到现象活动的进程,这是《易》学的本能。《周易·系辞传》有太极生两仪说,有精气为物说,然太极未分阴阳,亦非本体;精气究属何物,亦未说明;不过决非自动的万能的本体,可以明白。至雄所说的玄,确系自动的万能的本体,以支配现象界,这就是老子道的观念和现象界法则的观念相结合。

扬雄以玄为开发宇宙之原动力,说道:

假哉天地,啖函启化,罔裕于玄。

又以玄为精灵的,说道:

阳知阳而不知阴,阴知阴而不知阳,知阴知阳,知止知行,知晦知明者,其唯玄乎?

又述玄的司配一切,说道:

玄者,以衡量者也,高者下之,卑者举之,饶者取之,馨者与之,明者定之,疑者提之。

又论玄之地位，说道：

> 近玄者玄亦近之，远玄者玄亦远之；譬若天，苍苍在于东面、南面、西面、北面，仰而无不在焉，及其俯则不见也；天岂去人哉？人自去也。

又说道：

> 以见不见之形，抽不抽之绪，与万物相连也，其上也悬天，下也沧渊，纤也入薮，广也包畛。

又论天地人皆为玄所生，说道：

> 玄一摹而得乎天，故谓之有天；再摹而得乎地，故谓之有地；三摹而得乎人，故谓之有人。

《太玄》文词颇艰深，然雄的根本思想，不过如是。

（二）性说　扬子《法言》中，理学上所可取的，就是性说。从前孟子主性善，恶乃物欲所蔽。荀子主性恶，善为圣贤所导。孔子主性相近、习相远。扬雄则不然，说道："修身以为弓，矫思以为矢，立义以为的，奠而后发，发必中矣。人之性也善恶混，修其善则为善人，修其恶则为恶人，气也者，所适于善恶之马也。"又以性不可不修，说道："学者所以修性也，视听言貌思性所有也，学则正，否则邪。"雄的说性和告子说"性犹湍水，决东则东流，决西则西流"相同。韩愈曾驳斥，说道："尧之朱，舜之均，文王之管蔡，习非不善也，而卒为奸。瞽叟之舜，鲧之禹，习非不恶也，而卒为圣人。人之性，善恶果混乎？"不过司马光以为："子云所谓气，即孟子'志者气之帅，气者体之充'之气，气如所乘之马，马唯将帅之命是从，则御之不可不得其道。"愈和光固各有理由，然与雄的价值无足轻重。

第二章　后汉学术的经过

王莽篡汉，光武中兴，上行下效，捷于影响。一谶纬说大兴，二奖励名节，因王莽时谄谀风盛，光武急欲矫正，是以访求耆儒，卓茂擢为太傅，延聘周党、严光等，待以殊礼，所以终后汉一世，清节士人特多。此外继承前汉的学术，如老庄学、五行论、训诂学等。

前汉信奉老庄，后汉亦然，光武曾说："吾治天下，亦欲以柔道行之。"又马武上书请灭匈奴，帝告以黄石公记，说道："柔能胜刚，弱能胜强。"又太子曾谏光武，说道："陛下有禹汤之明，而失黄老养性之道。"又章帝末年，班超定西域，和帝时归国，曾戒都护任尚，说道："君性严急，水清无大鱼，宜荡佚简易。"又桓帝曾祀老子二次，又汉末钜鹿张角奉事黄老，以符咒疗病，号太平道人，遣弟子游四方，十余年间，徒众有数十万人。

五行有应用于《易》的，有应用于天命性道的；五行应用《易》，前汉已盛，沿至后汉，班固亦颇主张，如《汉书·律历志》："天以一生水，地以四生金，天以五生土。"郑玄又说："天止于五而地六成之。"不过郑氏的《易》传，今已不传。五行应用天命性道的，前汉有董仲舒毛公京房等，后汉班固亦颇主张，他所作

《白虎通》说道："人本含六律五行气而生，故内有五脏六腑，此情性之所由出入也。"又《刑法志》："夫人肖天地之貌，怀五常之性，聪明精神，有生之最灵者也。"又《白虎通》："人情有五性，怀五常，不能自成。"其后郑玄作《中庸》注："天以阴阳五行化生万物，气以成形，而理亦赋焉，犹命令也。于是人物之生，因各得其所赋之理，以为健顺五常之德，所谓性也。"因此而五行应用于天命性道说更觉完备。宋周敦颐作《太极图说》："五行之生，各一其性，无极之真，二五之精，妙合而凝，乾道成男，坤道成女，二气交感，化生万物，万物生生而变化无穷焉，惟人也得其秀而最灵。"这可说是五行说的集大成了。

后汉训诂学家有名的，为马融和郑玄。马融和帝时人，为经学大家，曾撰《忠经》，注《诗》、《书》、《易》等。郑玄为融弟子，字康成，先师京兆第五元，通《京氏易》、《公羊春秋》、《三统历》、《九章算术》。又师东郡张恭祖，受《周官礼记》、《左氏春秋》、《韩诗》、《古文尚书》。复西入关，事马融，在门下三年，辞归，融叹道："郑生今去，吾道东矣。"郑玄实通全经，能集前汉以来诸说之大成。谶纬说亦经他注释的甚多。后魏王肃颇反对玄的学说，肃就是伪作《孔子家语》的，他所作序，说道："郑氏学行五十岁矣，自肃成童始志于学，而学郑氏学矣？然寻文责实，考其上下义理不安，违错者多，是以夺而易之。然世未明其款情，谓其苟驳前师，以见异于人。乃慨然而叹曰：予岂好难哉，予不得已也。"附记肃的言论，以备参考。

后汉时代最当注意的，就是佛教的传来。在从前周时代，佛教已稍东渐，然以后汉明帝以后为最盛，明帝得异梦，因遣人往天竺求佛法，得四十二章经，和印度二僧到中国。桓帝时，译成

《无量清净平等经》、《般若三昧经》、《阿閦佛经》等二十一部六十三卷,后安息国僧安清至雒阳,译经三十九部,这就是大乘经的开始。《稽古略》说:"自永平至建安,缁素十二人,二百九十三部。"可见当时佛教的思潮和儒家学术思想的融合。后汉末译师辈出,佛教渐盛,译经总共有三百余部。

总之后汉时代,横在思想界深底的,就是老庄和五行论。还有发见在表面的,就是训诂学和印度佛教。因政治的社会的变动,致震荡人的心海,益形浮动而不可止。

第三章　魏晋南北朝隋学术的经过

魏晋以来，学风和思潮的经过，大都为厌世的。他的渊源，实由于汉以来政治的社会的现象，就是外戚宦官党锢权奸篡贼等祸患。继以八王构衅，五胡乱华，南北分立，汉夷两主，天下纷纷，致养成老庄厌世的观念。魏王弼、何晏等于老庄学徒，弄虚无恬淡的常谈，以漠视人生。夏侯玄、荀粲等竞尚清谈，亦主虚无。且以六经为圣人的糟粕，因此一般士大夫争相模仿，漫无礼法，世事一切置之度外，放言高论，全无顾虑，魏末的竹林七贤相会纵酒，不顾世事，就是当时的表演。魏亡晋继，傅玄见士风颓靡而上疏，裴頠因俗尚虚无而著论，此外如杜预注《左传》、张华著《博物志》，可说是当时绝无仅有的了。

　　傅玄疏　臣闻先王之御天下，教化隆于上，清议行于下；近者魏武好法术，而天下贵刑名；魏文慕通达，而天下贱守节。其后纲维不摄，放诞盈朝，遂使天下无复清议。陛下隆兴受禅，弘尧舜之化，惟未举清远有礼之臣以敦风节，未退虚鄙之士以惩不恪，臣是以犹敢有言。

裴颜崇有论 夫盈欲可损而未可绝有也，过用可节而未可谓无贵也，盖有讲言之具，深列有形之故，盛称空无之美；形器之故有征，空无之义难检，辩巧之文可悦，似象之言足惑，众听眩焉。……遂薄综世之务，贱功烈之用。……是以立言贵其虚无，谓之玄妙；处官不亲所司，谓之雅远；奉身散其廉操，谓之旷达；故砥砺之风，弥以陵迟，放者因斯，或悖吉凶之礼，而忽容止之表，渎弃长幼之序，混漫贵贱之级。……心非事也，而制事必由于心，然不可以制事以非事，谓心为无也。匠非器也，而制器必须于匠，然不可以制器以非器，谓匠非有也。

东晋偏安江左，人心厌世观念更甚，虚无放达的言论，不足安慰他们；于是遗世独立羽化登仙的思想因时而起。其间最出名的就是葛洪，洪字稚川，丹阳句容人，他的主张，就是隐居深山，呼吸天地清气，养神炼丹，作不死之药，访求神仙，思入不老不死的境界。又说："富贵利达有天命，得不足以为荣，失不足以为辱。"他的著作，为《神仙传》十卷，《隐逸传》十卷，《抱朴子》二编，其他杂著一百余卷。

汉末时佛教译经，总称三百余部。至三国康居国沙门康僧会到建康感得舍利说孙建，建大为感动，立建初寺，这就是江南佛教的开始。刘宋文帝时，迎跋摩到金陵，居祇洹寺，帝问道："朕欲斋戒不杀，然以御天下，未能得志。"跋摩对道："帝王所修与匹夫异。匹夫身贱名微，言令不威，倘不克己苦节，何以济用。帝王以四海为家，兆民为子，出一嘉言则士民感悦，布一善政则神人以和，刑不夭命，役不劳力，则风雨应时，百谷滋茂，以此持斋，持斋亦大矣，以此不杀，不杀亦至矣，宁在辍半日之餐，全一禽之命，然后为弘济耶？"梁武帝尤好佛教，率群臣道俗二万人起菩提心，北魏主亦深达佛理，为群臣讲《维摩经》，时洛阳沙门由西域来者三千余人，州郡僧众至二百余万。隋统一南北后，文帝隆兴佛法，度僧号五十万人，写佛经四十六藏十三万卷，造佛像六十万余，立寺塔五千余，译师二千余人，译经五百卷，当时佛教宗派，为鸠摩罗什的三论宗和成实宗，昙无识的涅槃宗，光统的地论宗，昙鸾的净土宗，达摩的禅宗，真谛的摄论宗和俱舍宗，智𫖮的天台宗。当时惟魏太武和周武帝不信佛教，颇加摧残，此外无有不信奉的。其故（一）由于人心喜新厌故，吾国学术思想，成为老生常谈，致佛教乘机而入。（二）魏晋清谈趋向玄理，佛教接近老庄，故流传愈广。（三）五胡十六国战争无已，厌世派日甚，皈依佛法僧的亦日多，故释教流行无碍。至其他原因从略。

当时有主张儒佛一致的，为晋孙绰。有主张道佛一致的，为齐顾欢。有主张儒道一致的，为齐谭峭。有主张儒佛道一致的，为宋张融、周颙和梁武帝。有推崇三教而稍分差别的，为隋李士谦，说道："佛，日也。道，月也。儒，五星也。"有不党道不偏儒不附老的，为隋王通，说道："三教于是可一矣。"王通字仲淹，河东龙门人，文帝时献太平策十二条，不能用，遂家居讲学，弟子甚众。唐初开国名臣，如房玄龄、杜如晦、魏征等多出其门。又仿六经作王氏六经，仿《论语》作《中说》；六经大都散失，《中说》恐系伪作。不过不能不说他是儒教的一大革命者，说道：

吾续《书》以存汉晋之实，续《诗》以辩六代之俗，修《元经》以断南朝之疑，赞《易》道以申先师之旨，正礼乐以旌后王之失,如斯而已矣。

政猛宁若恩,法速宁若缓,狱繁宁若简,臣主之际,其猜也宁信,执其中者,惟圣人乎?

或问佛,子曰:"圣人也。"曰:"其教何如?"子曰:"西方之教也,中国则泥;轩车不可以适越,冠冕不可以之胡,古之道也。"

或问长生神仙之道,子曰:"仁义不修,孝悌不立,奚为长生?甚矣人之无厌也。"

《诗》《书》盛而秦世灭,非仲尼之罪也。虚玄长而晋室乱,非老庄之罪也。斋戒修而梁国亡,非释迦之罪也。《易》不云乎?"苟非其人,道不虚行。"

他论三教最为持平,比较以前诸子确是特出。

第四章　唐代学术的经过

唐有天下，高祖即注意儒学，设学校以教导子弟，太宗即位，置弘文馆，聚书二十余万卷，增学生至二千二百六十人，学生明一经即得补官，当时日本、高句丽、新罗、百济、高昌、吐蕃都遣学生来学。又诏颜师古校正五经的谬误，命孔颖达和诸儒定《五经注疏》，称为《五经正义》，即《周易正义》十卷，用晋王弼韩康伯注。《尚书正义》二十卷，用孔安国传。《毛诗正义》二十卷，用毛亨传、郑玄笺注。《礼记正义》六十三卷，用郑玄注。《春秋左传正义》六十卷，用杜预集解。从此以后，南北学派竞争渐息，众说一定。

唐时儒佛老并重，因唐和老子同姓，特尊老君为太上玄元皇帝。太宗又使玄奘至西域广求大乘经论，归后译本甚多，佛教大盛。除前述的晋以来九宗外，又开新派。就是慧光的律宗，玄奘的法相宗，杜顺的华严宗，善无畏金刚智的真言宗四宗。后地论宗并入华严宗，摄论宗并入法相宗，共合为十一宗。

唐代文教最盛，美术亦最发达，如韩柳的文，李杜的诗，褚欧颜柳的字，吴道子王摩诘的画，皆是历史上有声价的。惟理学独不发达，所可参考的，不过韩愈李翱二人，现记述于下。

第一节　韩愈

韩愈字退之，南阳人，曾官吏部侍郎，宋苏轼曾称道："自东汉以来，道丧文弊，异端并起，历唐贞观开元之盛，辅以房杜姚宋而不能救；独韩文公起布衣谈笑而麾之，天下靡然从公，复归于正，盖三百年于此矣。文起八代之衰，而道济天下之溺。忠犯人主之怒，而勇夺三军之帅。岂非参天地，关盛衰，浩然而独存者乎？"这种称赞，可算佩服到五体投地。兹将韩愈的议论记下。

（一）正老佛说　愈作《原道篇》说："老子之小仁义，非毁之也，其见者小也；坐井而观天，曰：天小者，非天小也，彼以煦煦为仁，孑孑为义，其小之也则宜。其所谓道，道其所道，非吾所谓道也，其所谓德，德其所德，非吾所谓德也。凡吾所谓道德云者，合仁与义言之也，天下之公言也。老子之所谓道德云者，去仁与义言之也，一人之私言也。""今其法曰：必弃而君臣，去而父子，禁而相生相养之道，以求其所谓清净寂灭者。呜呼！其亦幸而出于三代之后，不见黜于禹汤文武周公孔子也。""今其言曰：曷不为太古之无事，是亦责冬之裘者，曰：曷不为葛之之易也，责饥之食者，曰：曷不为饮之之易也。"曰："不塞不流，不止不行，人其人，火其书，庐其居，明先王之道以道之，鳏寡孤独废疾者有养也，其亦庶乎其可也。"又《谏迎佛骨表》说："伏以佛者夷狄之一法耳，自后汉流入中国，上古未尝有也。昔者黄帝在位百年，穆王在位百年，此时佛法亦未入中国，非因事佛而致然也。汉明帝时始有佛法，明帝在位才十八年耳，其后乱亡相继，运祚不长，宋齐梁陈元魏以下，事佛渐谨，年代尤促，惟梁武帝在位四十八年，前后三度舍身施佛，宗庙之祭，不用牲牢，昼旦食止于菜果，其后竟为侯景所灭，饿死台城，国亦寻灭，事佛求福，乃更得祸。由此观之，佛不足事，亦可知矣。"看了以上的议论，韩愈的排斥老佛，可算用尽心力，不过佛家的真正学说，他却未曾研究得到。

附唐高祖时傅奕上疏请除佛法以作参考，说道：

> 佛在西域，言妖路远，汉译胡书，恣其假托，使不忠不孝，削发而揖君亲，游手游食，易服以逃租赋，伪启三途，谬张六道，遂使愚迷，妄求功德，不惮科禁，轻犯宪章。且生死夭寿，由于自然，刑德威福，关之人生，贫富贵贱，功业所招，而愚僧矫诈，皆云由佛，窃人主之权，擅造化之力，其为害政，良可悲矣。自汉以前，初无佛法，君明臣忠，祚长年久，自立胡神，羌戎乱华，主庸臣佞，政虐祚短，梁武齐襄，足为明镜。

（二）道说　愈作《原道篇》说："博爱之谓仁，行而宜之之谓义，由是而之焉之谓道，足乎己无待于外之谓德。仁与义为定名，道与德为虚位，故道有君子小人，而德有凶有吉。""古之时人之害多矣，有圣人者立，然后教之以相生相养之道，为之君，为之师，驱其虫蛇禽兽而处之中土，寒然后为之衣，饥然后为之食，木处而颠，土处而病也，然后为之宫室，为之工以赡其器用，为之贾以通其有无，为之医药以济其夭死，为之葬埋祭祀以长其恩爱，为之礼以次其先后，为之乐以宣其湮郁，为之政以率其怠倦，为之刑以锄其强梗，相欺也为之符玺斗斛权衡以信之，相夺也为之城郭甲兵以守之，害至而为之备，患生而为之防。""夫所谓先王之教者何也？博爱之谓仁……其文《诗》、《书》、《易》、《春秋》，其法礼乐刑政，其民士农工贾，其位君臣父子，师友宾主，昆弟夫妇，其服麻丝，其居宫室，其食粟米果蔬鱼肉，其为道易明，而其为教易行也。是故以之为己则顺而祥，以之为人则爱而公，以之为心则和而平，以之为天下国家，无所处而不当，是故生则得其情，死则尽其常，郊焉而天神假，庙焉而神鬼享，曰：斯道也，何道也？曰：斯吾所谓道也，非向所谓老与佛之道也。尧以是传之舜，舜以是传之禹，禹以是传之汤，汤以是传之文武周公，文武周公传之孔子，孔子传之孟轲，轲之死不得其传焉。荀与杨也择焉而不精，语焉而不详。"韩愈所讲的道是常道，是专对老佛而说的道，难道儒家相传中庸的道，不过如此么？

（三）性说　性三品说不始于韩愈而愈尤详，说道："性也者与生俱生也，情也者接于物而生也。性之品有三，而其所以为性者五。情之品有三，而其所以为情者七。曰：何也？性之品有上中下三，上焉者善焉而已矣，中焉者可导而上下也，下焉者恶焉而已矣。其所以为性者五，曰仁，曰礼，曰信，曰义，曰智，上焉者之于五也，主于一而行之四，中焉者之于五也，一不少有焉，则少反焉，其于四也混，下焉者之于五也，反于一而悖于四。性之于情视其品，情之品有上中下三，其所以为情者七，曰喜，曰怒，曰哀，曰惧，曰爱，曰恶，曰欲，上焉者之于七也，动而处中，中焉者之于七也，有所甚，有所亡，然而求合其中者也，下焉者之于七也，亡与甚直情而行者也。情之于性视其品。"韩愈说性确能面面俱到，不过稍涉肤浅，不成其为学理。

第二节　李翱

李翱字习之，宪宗时为国子博士修撰，曾从韩愈学为文，韩愈论性肤浅且不统一，又把性与情分别为二，致不能明白二者的关系。李翱讲性与情的关系，又精密，又明了，李翱的言论：（一）性善，（二）性恶，（三）性的动为情。这三种是他的根本思想。不过李翱《复性书》三篇中矛盾地方亦不少。譬如一方说："情有善有不善。"一方又说："情者妄也邪也。"今把他的根本思想列下。

他的思想以为："性者清明者也，圣人与凡人无异，圣人如镜之无尘，寂然不昧，物至而应之，事至而知之，无不动者。尧舜举十六相非喜，放窜四凶非怒，中节而已。"李翱的观念，和《中庸》所说"不勉而中，不思而得，从容中道，圣人也"相近。《中庸》以诚为天地的本体，人性亦当作诚看，李翱的言性，亦从《中庸》来的，说道："清明之性，鉴于天地，非自外来也。"不过他又较《中庸》进一步，就是直接引用孟子所说的性善，那就是把《中庸》和《孟子》联合起来了。

他又以为："以情蔽清明之性者为凡人，情之于性，恰如云之于月。"这种观念，《中庸》恰未说到，好像佛家所说的"烦恼足以搅乱本性"，就是说人的清明本性，为情云所蔽而不表现。

他又说情与性的关系，"无性则情无所生矣，是情由性而生，情不自情，因性而情，性不自性，由情而明，性者天之命也，圣人得之而不惑者也，情者性之动也，百姓溺之而不能，知其本者也，圣人者岂其无情耶？圣人者寂然不动，不言而神，不耀而光，制作参乎天地，变化合乎阴阳，虽有情也，未尝有情也，然则百姓者岂其无性者耶，百姓之性，与圣人之性无差也，虽然情之所昏，交相攻伐，未始有穷，故虽终身而不能睹其性焉。"

他又说去邪以复本性的方法。"不思不虑则情不生，然不可失于静，有静必有动，有动必有静，动静不息，乃情也。当静之时，知心无思者，是斋戒其心者也。知本无思，而动静皆离，寂然不动者，是至静也。"

李翱的性说，颇像佛家烦恼菩提的观念。不过文中矛盾处甚多，且他的思想不可捉摸，论性到终了时，忽又说到心方面，就可见他思想的不确固。

[第四编]
近世理学史

第一章　宋代理学

有唐灭亡，五代梁唐晋汉周相继，不七十年，同归于尽。赵宋立国，理学勃兴，推其原因，（一）对于训诂的反动。从前汉唐两朝训诂的余风，至唐依然存在，仁宗时宋郊等上奏道："先策论，则文词者留心于治乱矣。……问大义，则执经者不专于记诵矣。"对于当时的弱点，极立指出，可知对于训诂的反动，已播满于当时的思想界，所以有学问的人物，如范仲淹、欧阳修、司马光、苏轼、王安石等，不专心致志于鲁鱼亥豕间，这是理学勃兴的第一原因。（二）佛学的流行。五代以来，佛教禅宗最流行，因乱时人往往不能安心立命，而禅宗适以高尚精神，弥补阙失。宋兴，仁宗好禅学，其他如欧阳修、司马光、苏氏父子、张商英等亦然，而周敦颐又为穷禅之客。禅宗不立文字主教的，观性就是观自己的精神，这种治心工夫，就是理学勃兴的第二原因。（三）学者有一种豪迈的气质。宋代学者往往自以为是天下第一流人物，如邵雍曾说道："仲尼后禹千五百余年，今之后仲尼又千五百余年，虽不敢比仲尼上赞尧舜，岂不敢比孟子上赞仲尼乎？"苏东坡赞六一居士道："欧阳子今之韩愈也。"程伊川为明道作行状道："先生生于千四百年之后，得不传之学于遗经。"这种气风，就是理学勃兴的第三原因。（四）理学的曙光发现。宋兴八十年，有胡安定、孙明复、石守道三先生出，讲明正学，师道自任，而安定尤能昌明正学，首先提倡教人，以身作则，所定科条很细密，分经义和治事两斋，经义斋所以明体，治事斋所以达用，后来人才辈出，因此而濂洛关闽诸儒相继而兴，这是理学勃兴的第四原因。现将理学勃兴的第一流人物列后。

第一节　周敦颐

周敦颐字茂叔，又号濂溪。景祐三年，充洪州分宁县主簿，悬狱立决，后调南安军司理参军。洛人程珦，见他气貌异于常人，且道高学粹，因和他友善，并令二子颢和颐就学于门。后又历任桂阳南昌等县，政声大著，务以洗冤泽民为自己的责任。因病归，居庐山莲花峰下，未几卒，年五十七，所著有《太极图》、《太极图说》、《通书》等。

（一）太极图说　敦颐说道："无极而太极。太极动而生阳，动极而静，静而生阴，静极复动，一动一静，互为其根，分阴分阳，两仪立焉，阳变阴合而生水、火、木、金、土，五气顺布，四时行也。五行一阴阳也，阴阳一太极也，太极本无极也，五行之生，各一其性。无极之真，二五之精，妙合而凝，乾道成男，坤道成女，二气交感，化生万物，万物生生而变化无穷焉。惟人也得其秀而最灵，形既生矣，神发知矣，五性感动而善恶分，万事出矣，圣人定之以中正仁义，主静，立人极焉。故圣人与天地合其德，日月合其明，四时合其序，鬼神合其吉凶，君子修之吉，小人悖之凶。故曰：'立天之道，曰阴与阳；立地之道，曰柔与刚；立人之道，曰仁与义。'又曰：'原始反终，故知死生之说。'大哉《易》也，斯其至矣。"他这种学问从哪里来的，朱震汉《上易传》说道："陈抟以《太极图》授种放，放授穆修，修授周子。"晁公武《读书志》以为周子受学于润州鹤林寺僧寿涯，传其《太极图》。陆梭山因《太极图说》和《通书》不类，疑不是周子所作的，常与朱晦庵辩论不休。朱彝尊《经义考》说道："夫《太极》一图，远本道书，图南陈氏演之为图，为四位五行；其中由下而上，初一曰：玄牝之门；次二曰：炼精化气，炼气化神；次三曰：五行定位，五气朝元；次四曰：阴阳配合，取坎填离；最上曰：炼神还虚，复归无极。故曰：无极图乃方士修炼之术。当时曾刊华山石壁，相传图南受之吕嵒，嵒受之锺离权，权得其说于魏伯阳，伯阳闻其旨于河上公，在道家未尝诩为千圣不传之秘。周子取而转《易》之为图，亦四位五行；其中由上而下，最上曰：无极而太极；次二曰：阴阳配合，阳动阴静；次三曰：五行定位，五行各一其性；次四曰：乾道成男，坤道成女；最下曰：化生万物。更名之曰《太极图》，仍不没无极之旨。"从此看来，《太极图》出于道家，而原于《易》教；所以周子就因此以明《易》。从古以来，最能说明宇宙和万物所以发生的道理，没有比《太极图说》再好的了，更没有比《太极图说》再简约的了；在他也不过推极阴阳消长的理由罢了。

（二）道德说　他主张性善。说道："诚者圣人之本。'大哉乾元，万物资始。'诚之源也。'乾道变化，各正性命。'诚斯立焉，纯粹至善者也。故曰：'一阴一阳之谓道，继之者善也，成之者性也。'元亨诚之通,利贞诚之复。大哉《易》也!性命之源乎!"他的诚就是《中庸》的诚,包括天道人道而言。又说道:"圣,诚而已矣。诚五常之本,百行之原也。静无而动有,至正而明达也;五常百行,非诚非也,邪暗塞也,故诚则无事矣,至易而行,难果而确,则无难焉。故曰:'一日克己复礼,天下归仁焉。'"可见不诚就无实理,能诚则实理全备,就是《中庸》所说"诚者不勉而中,不思而得,从容中道,圣人也。"又说道:"诚无为,几善恶。德爱曰仁,宜曰义,理曰礼,通曰智,守曰信。性焉安焉之谓圣,复焉执焉之谓贤,发微不可见、充周不可穷之谓神。"仁义礼智信五常,为人性所固有,发而中节是善,不中节是恶,所以说:"诚无为,几善恶。"又说道:"寂然不动者诚也,感而遂通者神也,动而未形有无之间者几也。诚精故明,神应故妙,几微故幽,诚神几曰圣人。"他形容圣人的德,为诚神几三种,这语气是从《易》得来。又说道:"动而正曰道,用而和曰德;匪仁,匪义,匪礼,匪智,匪信,悉邪也;邪动辱也,甚焉害也,故君子慎动。"又说道:"圣人之道,仁义中正而已矣。守之贵,行之利,廓之配天地,岂不易简,岂为难知,不守不行不廓耳。"这和《太极图说》"圣人定之以中正仁义而主静,立人极焉"相合。又说道:"洪范曰:'思曰睿,睿作圣。'无思本也,思通用也,几动于彼,诚动于此,无思而无不通为圣人。不思则不能通微,不睿则不能无不通;是则无不通生于通微,通微生于思,故思者圣功之本,而吉凶之几也。"由思到无思的地位,无思就合于诚。故又说:"士希贤,贤希圣,圣希天。"希贤希圣,亦是思的动作,所以思为圣功的根本。又或问:"圣可学乎?"曰:"可。"曰:"有要乎?"曰:"有。""请闻焉。"

曰："一为要，一者无欲也，无欲则静虚动直；静虚则明，明则通，动直则公，公则溥；明、通、公、溥，庶矣乎？"朱子解释道："一即所谓太极，静虚即阴静，动直即阳动，明、通、公、溥，便是五行。"静虚无欲，颇近释老，今为儒者修养的根本，因他本为穷禅客，儒中带禅，是不消说的。

（三）政治说　政治以修身为根基。他说道："十室之邑，人人提耳而教且不及，况天下之广，兆民之众哉？曰：纯其心而已矣。仁义礼智四者，动静言貌视听无违之谓纯；心纯则贤才辅，贤才辅则天下治，纯心要矣，用贤急焉。"又说道："天以阳生万物，以阴成万物。生，仁也；成，义也。故圣人在上，以仁育万物；以义正万民。天道行而万物顺，圣德修而万民化；大顺大化，不见其迹，莫知其然，谓之神。故天下之众，本在一人，道岂远乎哉？术岂多乎哉？"又说道："天以春生万物，以秋止之，物生不止则有恐，故得秋以成。圣人法天，以政养万民，以刑肃之，民欲动情胜，利害相攻不止，则贼灭而无伦，故得刑以治之。"又主张制礼乐以化醇万民。说道："古者圣王制礼乐而修教化，三纲正，九畴叙，百姓大和，万物咸顺，乃作乐以宣八风之气，以平天下之情，故乐声淡而不伤，和而不淫，入于其耳不感其心，淡且和也，淡则欲心平，和则躁心释，优柔平中，德之盛也，天下化中，治之至也，是谓道配天地。"

总之开宋儒的理学，就是这《太极图说》，因"无极而太极"一语，最能启发人的思想，所以学者多信服他。

第二节　邵雍

邵雍字尧夫，少时有大志。后历游吴楚齐鲁梁晋而归。李子才授以《图书》、《先天象》、《数图》，很多心得。略出仕，即托疾不出。治平间尧夫在天津桥上散步，闻杜鹃声，叹道："不二年南人入而为相，天下多事矣。"人问其故，说道："天气治时，地气由北而南，乱时由南而北，洛阳旧无杜鹃，今始至此，南方之地气至也，禽鸟飞类，得气之先者也。"及安石入相，他话果验。他在洛三十年，住很简陋。接人不分贵贱，人都乐就。他以学自任，说道："虽不敢比仲尼上赞尧舜，岂不敢比孟子上赞仲尼乎？"又说道："人惜仲尼无土，吾以为仲尼以万世为土，不以州域为土。"亦可以知道他的学问程度。他将死，对司马光说道："试与观化。"卒谥康节，张载、程颢、程颐等皆相交。著书有《皇极经世书》十二篇，以天地的理测度人世，所以名为《观物》。十二篇外有《观物外篇》二篇，乃门人手录。此外有《先天图》、《渔樵问答》、《无名公传》、《伊川击壤集》等。他的理学可于《先天图》、《观物内外篇》去求。他不反对老庄，和一般宋儒不同。不过很排斥佛氏，他的"图书先天象数学"，是由陈抟、种放、穆修、李之才递嬗而来。兹列举于下。

（一）先天学　他的学说，近于先天唯心论。说道："先天学，心法也。图皆从中起，万化万事，生于心也。"又说道："心为太极。"又解释太极道："太极不动，性也。发则神，神则数，数则象，象则器，器之变，复归于神也。"尧夫以为一切的法则，皆从吾心出，故宇宙的法则，就是我心的法则，把一切的法则约略说起来，就是《易系辞》所说："易有太极，是生两仪，两仪生四象，四象生八卦。"这很可作参考。不过就论理的观念讲，当然有时间的前后。所以他说道："万物各有太极两仪四象八卦之次，亦有古今之象。"和太极相应的有道，和两仪相应的有阴阳，和四象相应的有现象界。换句话讲，就是现象中有阴阳，阴阳中有道，道是目不能见、耳不能听的。他说道："道无形行之则见于事矣，如道路之道坦然，使千亿万年行之人知其归也。"又说道："无极之前，阴含阳也。有象之后，阳分阴也。"阴阳就是道，它的关系怎样？说道："如其必欲知仲尼之所以为仲尼，则舍天地将奚之焉？人皆知天地之为天地，不知天地之所以为天地，如其必欲知天地之所以为天地，则舍动静将奚之焉？夫一动一静者，天地至妙者欤！夫一动一静之间者，天地之至妙者欤！是故知仲尼之所以能尽三才之道者，谓其行无辙迹也；故有言曰：'予欲无言。'又曰：'天何言哉？四时行焉，百物生焉。'其斯之谓欤？"

（二）经世论　尧夫以现象界应四象，故现象由四数司配；因此对于世间万物，皆主张以四数行的。说道："善化天下者止于尽道，善教天下者止于尽德，善劝天下者止于尽功，善率天下者止于尽力。以道德功力为化者谓皇，以道德功力为教者谓帝，以道德功力为劝者谓王，以道德功力为率者谓伯。以化教劝率为道者谓《易》，以化教劝率为德者谓《书》，以化教劝率为功者谓《诗》，以化教劝率为力者谓《春秋》。""《易》、《诗》、《书》、《春秋》为圣人之经。天之时不差则岁功成，圣经不差则君德成；天有常时，圣有常经，行之正时则正，行之邪时则邪，邪正由于人而不由于天，不可不谨也。""然有人力不及自然之变迁，尧舜禹汤，虽其心则一，而其迹自异，尧让于舜以德，舜让于禹以功，以德为帝，以功亦为帝，然下德一等时则入于功。汤伐桀以放，武伐纣以杀，以放为王，以杀亦为王，然下放一等时则入于杀。故时有消长，事有因革，前圣后圣，非出于一途也。""三皇为春，五帝为夏，三王为秋，五伯为冬。"更进一步说道："七国为冬之余冽；汉于王不足，晋于伯有余；三国为伯之雄者，十六国为国之丛者；南五代为伯之借而乘者，北五代为伯之传舍者；隋为晋之子，唐为汉之弟；隋季诸郡之伯，为江汉之余波；唐季诸镇之伯，为日月之余光；后五代之伯，为日未出之星。"他又以累积法发表因革的意见，说道："因而因者长而长，为千世之事业；因而革者长而消，为百世之事业；革而因者消而长，为十世之事业；革而革者消而消，为一世之事业；此即三皇五帝三王五伯之道。若夫可因而因，可革而革，为万世之事业，孔子之事也。孔子曰：'殷因于夏礼，所损益可知也；周因于殷礼，所损益可知也；其或继周者，虽百世可知也。'然因时而进，不止百世，虽亿万世可知也。"

（三）性说　尧夫讲性，亦主性善。说道："性者道之形体也，性伤则道亦从之矣；心者性之郛郭也，心伤则性亦从之矣；物者身之舟车也，物伤则身亦从之矣。"又说道："性者道之形体也，道妙而无形，性则仁义礼智具而体著矣。"这就是说性中具有仁义礼智，为性善说。又论性和情的区别："以物观物，性也；以我观物，情也；性公而明，情偏而暗。"又说道："任我则情，情则蔽，蔽则昏矣；因物则性，性则神，神则明矣；潜天潜地，不行而至，不为阴阳所摄者神也。"这就是程明道廓然大公物来顺应的意思。性无我，自能全性，并能处事。故说道："心一而不分，则能应万变；此君子所以虚心而不动也。"

又刘绚问无为，"尧夫说道：'时然后言，人不厌其言；乐然后笑，人不厌其笑；义然后取，人不厌其取。'此所谓无为也。"又论为学修身的重要，说道："君子之学，以润身为本；其治人应物皆余事也。"又说道："人必内重，内重则外轻；苟内轻，必外重；好名好利，无所不至。"又说学者的极功道："学不至于乐，不可谓之学。"又道："学不际天人，不足以谓之学。"他的见解极高，所以言论能超然自得。

第三节　张载

张载字子厚，大梁人，少时喜谈兵。年十八上书谒范仲淹，喜说道："儒者自有名教可乐，何事于兵。"即劝他读《中庸》，读后还不足，遂读释老等书，亦无所得，乃反求之《六经》。嘉祐初，到京师，见程明道兄弟，说到道学的重要，乃了解道："吾道自足，何事旁求。"于是尽弃异学。他原讲《易》，对学者道："今二程兄弟深明《易》道，可往师之，吾不及也。"即停讲。熙宁初，神宗召见，问治道，对以复三代。时王安石行新法，他不以为善，托疾归，终日独坐，且读且思，心有所得，虽中夜必起书。说道："吾学既得诸心，乃修其辞命，命辞无失，然后断事，吾乃沛然。"又告学者道："学必如圣人而后已。知人而不知天，求为贤人而不求为圣人，此秦汉以来之大蔽也。"他的学问以《易》为宗，以《中庸》为的，以《礼》为体，以孔孟为极。他深信《周礼》必可行于后世。说道："仁政必自经界始。经界不正，即贫富不均，教养无法，虽欲为治，牵架而已。"将与学者买田一方，画为数井，以研究三代遗法，未成而卒。所著有《正蒙》、《经学理窟》、《易说语录》、《西铭》、《东铭》等。

程子说道："世学胶固不通，故张子立太虚一大以激励之。"因子厚极有影响于宋初学风，而在程子等上。且他能发见老佛缺点，所以他排斥老子的虚无论，及释氏的见病论。

（一）太虚论　横渠的根本主义为太虚，太虚就是气，那个苍苍焉茫茫焉的都是气，故太虚为实在者。不过太虚应从两方面看，从自动的方面看时，他的中间有活动性，称为太和。从本性方面看时，其德为虚明。太虚凝聚的时候，就是物。故万物为太虚所变化的客形，而本体就是太虚。万物分散，则仍复归于本体的太虚。至中间有活动性，就是阴阳屈伸相感的性。研究这理就是《易》。《易》非本体论，乃专论法则的，所以圣人的书，"无尝说有无者"。惟万物从阴阳的原则而生，从未有两物相同的，且一物亦有阴阳左右。故说道："天下之物，无两个有相似者。"这和德国哲学家赖勃尼志（Leipnir 1646—1716）取两叶细看无相同处，极似。兹将横渠的原说录下。

> 太和所谓道，中涵浮沉升降相感之性，是生絪缊相荡胜负屈伸之始，其来也几微易简，其究也广大坚固，起知于易者乾乎？效法于简者坤乎？散殊而可象为气，清运而不可象为神，不如野马絪缊不足谓之太和。

> 气块然太虚，升降飞扬，未尝止息；《易》所谓絪缊，庄生所谓生物以息相吹野马者与？此虚实动静之机，阴阳刚柔之始，浮而上者阳之清，降而下者阴之浊，其

感遇聚散为风雨，为雪霜，万品之流形，山川之融结，糟粕煨烬，无非散也。

太虚无形气之本体，其聚其散，变化之客形尔。至静无感，性之渊源，有识有知，物交之客感尔。客感客形与无感无形，惟尽性者能一之。

天地之气，虽聚散攻取百涂，然其为理也顺而不妄。气之为物，散入无形，适得吾体，聚为有象，不失吾常。太虚不能无气，气不能不聚而为万物，万物不能不散而为太虚，循是出入，是皆不得已而然也。然则圣人尽道其间，兼体而不累者，存神其至矣；彼语寂灭者往而不反，徇生执有者物而不化，二者虽有间矣，以言夫失道则均焉。聚亦吾体，散亦吾体，知死之不止者，可与言性矣。

知虚空即气，则有无隐显，神化性命，通一无二，顾聚散出入形不形，能推本所从来，则深于《易》者也。若谓虚能生气，则虚无穷，气有限，体用殊绝，入老氏有生于无自然之论，不识所谓有无混一之常。若谓万象为太虚中所见之物，则物与虚不相资，形自形，性自性，形性天人不相待，而有陷于浮屠以山河大地为见病之说。此道不明，正由懵者略知体虚空为性，不知本天道为用，反以人见之小，因缘天地，明有不尽，则诬世界乾坤为幻化幽明，不能举其要，遂躐等妄意而然。不晤一阴一阳，范围天地，通乎昼夜，三极太中之举，遂使儒佛老庄，混然一涂；语天道性命者，不罔于恍惚梦幻则定以有生于无，为穷高极微之论；入德之途，不知择而求，多见其蔽于陂而陷于淫矣。

> 气之聚散于太虚，犹冰凝释于水，知太虚即气，则无无。故圣人语性与天道之极，尽于参伍之神，变易而已。诸子浅妄，有有无之分，非穷理之学也。
>
> 由太虚有天之名，由气化有道之名，合虚与气有性之名，合性与知觉有心之名。

横渠解释鬼神，和"鬼者归也，神者伸也；气之伸者为神，气之屈者为鬼"、"人死，肉归于土，血归于水，骨归于石，魂升于天"等话略同。说道："鬼神者，二气之良能也。圣者至神得天之谓，神者太虚妙应之目。凡天地法象，皆神化糟粕尔。天道不穷，寒暑已；众动不穷，屈伸已。鬼神之实，不越二端而已矣。"又道："鬼神往来屈伸之义，故天曰神，地曰示，人曰鬼。"可知鬼神就是阴阳二气。古人注重祭祀，正因见阴阳造化神妙无穷的缘故。

横渠的世界观为一元的，和万物互相贯通。他所假定的以太虚为本体，本体在空间内，故为一元的。而其立脚地为经验的，故非形而上的，为形而下的。所以他为纯粹的模范的唯物论者。

（二）性说　横渠立一元的世界观，以太虚为其根本主义。一切万物皆是太虚的客形，人亦是太虚凝聚的。太虚的性为虚明，故人的性亦虚明，这是本然的。惟太虚凝聚的时候，有清有浊，故各人的气质，亦不能相同。横渠又以虚附带弘大之意义。说道："天地以虚为德。虚即至善，而为仁所发。忠恕与仁俱发者，而礼义为仁之用。"各人的气质，由气的清浊而成。故如草木亦有气质，惟不能均齐。而教育的重要，就能变化气质。气质有分别，就有我的所以然。气质变却的时候，就非我；非我就与天同一。

太虚凝聚而成人，故人的本性为虚明。虽然人有知有识，这不过人与物相接触的关系。

横渠关于心的见解，说道："合性与知觉有心之名。""心说性情者也。""太虚者心之实也。"他以心为太虚所凝聚，触物而生知觉。说道："人本无心，因物为心。"又说道："不可以闻见为心，若以闻见为心时，天下之物，一一不可闻见，毕竟心为小者。如心合于太虚，心既虚时则公平，公平时是非较然可见，可为不可为之事可自知也。"因为太虚含蓄一切的理，故人心虚明时，太虚的理法历历可见。

横渠关于礼的见解，说道："一切万物之生成，有一定之秩序，此即礼也。故礼即道也，道为太虚中所含蓄者，由是观之，礼非出于人而出于天者。出于天者是决不可变，在天为天序天秩，在人为尊卑长幼，守之即所以守礼；惟太虚为物之性，故守礼即所以持性，持性即所以反本。故未成性之时，须以礼守之。"兹将横渠说性的话录下。

> 形而后有气质之性，善反之则天地之性存焉，故气质之性，君子有弗性者焉。盖天命之所流行，赋与万物而纯粹至善者，曰天地之性。气聚成形，其气有纯驳偏正之异者，曰气质之性。若能变化气质，则天地不失其初，而能复于本然之善矣。然本然之性，非离气质而别存；气质之性，亦非纯出于恶；惟气质有所杂糅，故不能一于善耳。学者当变化其气质之恶以进于善，又当充其所谓善者焉。故曰：人之刚柔缓急，有才与不才，气之偏也；天本参和不偏，养其气反之本而不偏，则尽性而天矣；

性未成则善恶混，故亹亹而继善者，斯为善矣；恶尽去则善因以亡，故舍曰善，而曰成之者性。

湛一气之本，攻取气之欲。口腹于饮食，鼻舌于臭味，皆攻取之性也。知德者属厌而已，不以嗜欲累其心，不以小害大，不以末丧本焉尔。

德不胜气，性命于气。德胜其气，性命于德。穷理尽性，则性天德，命天理，气之不可变者，独死生修夭而已。故论死生则曰有命，以言其气也。语富贵则曰在天，以言其理也。此大德之所以必受命，易简理得而成位乎天地之中也。

为学大益，在自能变化气质，不尔卒无所发明，不得见圣人之奥。故学者先须变化气质，变化气质，与虚心相表里。

变化气质，孟子曰："居移气，养移体，况居天下之广居者乎？"居仁由义，自然心和而体正，更要约时，但拂去旧日所为，使动作皆中礼，则气质自然全好。《礼》曰："心广体胖。"心既弘大，自然舒大而乐也。若心但能弘大，不谨敬则不立。若但能谨敬，而心不弘大则入于隘。须宽而敬，大抵有诸中者必形诸外，故君子心和则气和，心正则气正；其始也固亦须矜持。古之为冠者以重其首，为履者以重其足，至于盘盂几杖为铭，皆以慎戒之。

横渠以太虚为根本主义，解释宇宙一切现象，并以礼立修身基础，以复性之虚明，希望和太虚混同一体。思想明白，绝少矛盾，是不可多得的。

第四节　程颢

程颢字伯淳，河南人，十五岁时同弟颐就周茂叔而问学，慨然有求道的志愿。中进士后为晋城令，告民以孝弟忠信，各乡皆设学校，十余年野陋的晋城有衣儒服的数百人。神宗召见，对道："人主当防未萌之欲。"时王安石为相，颢曾赴中堂议事，安石正发怒，颢说道："天下事非一家私议，愿公平气以听。"卒后，文彦博题其墓，称明道先生。著作独《语录》一书载其学说，现尚有《二程全书》明道尝说道："异日能使师道尊严者，吾弟也。"伊川亦说道："我昔为明道先生行状，我道盖与明道同，异时欲知我者，求之此文可也。"

宋代学术勃兴，然能得孔子真意的，惟程明道。伊川作明道行状，说道："先生生千四百年之后，得不传之学于遗经。"又说道："先生为学，自十五六时，闻汝南周茂叔论道，遂厌科举之业，慨然有求道之志，未知其要，泛滥于诸家，出入于老释者几十岁，返求诸《六经》而后得之。"明道学问根柢，于《易》最深，说道："圣人用意深处，全在《系辞》。《诗》《书》乃格言。"又说道："'生生之谓易'，是天之所以为道也。天只是以生为道，继此生理者只是善，便有一个元的意思。'元者善之长'，万物皆有春意，便是'继之者善也，成之者性也'，成却待万物自成，其性须得。"又以元为元气，即是善。说道："'一阴一阳之谓道'，自然之道也。'继之者善也'，有道则有用。'元者善之长也'，成之者却只是性，各正性命也。故曰：'仁者见之谓之仁，智者见之谓之智。'"又说道："仁者体也，义者用也。"以仁为万物的本性，即此可见。

（一）宇宙论　明道的宇宙虽从《易》得来，不过从未用过"太极"二字，但以乾元气为宇宙的根本。说道："天地之大德曰生。天地絪缊，万物化醇。"不过阴阳二气须相待而成，故又说道："独阴不成，独阳不生。""地气不上腾，则天气不下降。天气降至地，地中生物皆天气，惟无成代有终者地道。""万物本于天。""万物成形于地。"所以明道的宇宙万物发生说，可称他为乾元一气说。无论人类禽兽草木，都是乾元一气所生。不过二气交感有偏正的差别。他说道："人与物但气有偏正，得阴阳之变者，为鸟、兽、草、木、夷、狄；受正气者为人。""天地间非独人为至灵，自家心便是草、木、鸟、兽之心；但人受天地之中以生。"明道以宇宙万物皆阴阳二气所生，而二气的形迹互相对待。说道："天地万物，无独有待，皆自然而然。"又说道："万物莫不有对，一阴一阳，一善一恶，阳长则阴消，善增则恶减。"又说道："事有善有恶，皆天地也；天地中物须有善恶；盖物之不齐，物之情也；但当察之，不可自入于恶，流为一物。"又说道："天下善恶皆天理，谓之恶者非本恶，但或过、或不及，便如此，如杨墨之类。"又说："横渠立清虚一大为万物之源，有所未安，须兼清浊虚实，乃可言神也。"明道所讲的善恶，是从过、不及而来，是互相对待的。因世界上有善有恶，如小、大、厚、薄、长、短、清、浊等，皆是对待的；倘强为齐同，是违背天理，误解宇宙的真相，乃吾人所当注意的。

（二）性说　明道说："生之谓性。性即气，气即性，生之谓也。"明道以为万物都受乾元一气而生，有生都有气，受气都有性。人性虽较万物为善，然仍是相对的善。人类万物的善恶，本来不齐，乃宇宙的真相。故不说性有清虚绝对的性。"人生气禀，理有善恶，然不是性中元有此两物相对而生也，有自幼而善，有自幼而恶，是气禀然也。"宇宙的真相就是理，善就是中节，恶就是过不及；无善则无恶，无恶则无善，不是二物，与扬雄性善恶混说不同。"善固性也，然恶亦不可不谓之性也。"人受气即有性，故善恶皆是性。这话明道最易受人攻击。"盖生之谓性，人生而静以上不容说，才说性时，便已不是性也。凡人说性，只是说继之者善也。孟子言人性善是也。"人生而静，善与恶皆无从说起。明道说性即气，气即性，乃气质之性，未说到本然之性，故可言善恶。《易》说："继之者善。"孟子说人性善，皆是此类。"夫所谓继之者善也，犹水流而就下也。皆水也，有流而至海，终无所污，此何烦人力之为也，有流而未远，固已渐浊；有出而甚远，方有所浊。有浊之多者，有浊之少者，清浊虽不同，然不可以浊者不为水也。如此则人不可以不加澄治之功，故用力敏勇则疾清，用力缓怠则迟清；及其清也，则却只是元初水也，亦不是将清来换却浊，亦不是取出浊来置在一隅也。水之清则性善之谓也，固不是善与恶在性中为两物相对，各自出来，此理天命也，顺而循之，则道也；循此而修之，各得其分，则教也。"这单以下流水作譬喻，以表明善恶发动的不同。和孟子所说"人性之善也，犹水之就下也"不可作一样解释。且善恶均非绝对的，是相对的，和水一样，浊的仍可以使清。水浊复清，只须澄治，性恶复善，只须循修；

天命和道教皆不可忽略。

明道和横渠论定性功夫，说道："所谓定者，动亦定，静亦定；无将迎，无内外；苟以外物为外，牵己从之，是以己性为有内外；且以己性为随物于外，则当其在外时，何者为在内，是有意绝外诱，不知性无内外也；既以内外为二本，则又恶可遽语定哉？夫天地之常，以其心普万物而无心。圣人之常，以其情顺万物而无情。故君子之学，莫若廓然而大公，物来而顺应。"明道说性无内外，是能超越客观主观，而为绝对的。定性无动静，廓然大公，物来顺应，他的度量可见了。

明道以为仁就是元气，就是性，是绝对的。不过性是从元气静的方面看，仁是从元气动的方面看，说道："仁者浑然与物同体，义、礼、智、信，皆仁也。"又以医为譬喻，"医书以手足痿痹为不仁，此言最善名状；仁者以天地万物为一体，莫非己也。手足不仁时，身体之气不贯，不属于己；故博施济众，为圣人之功用。"仁与宇宙一贯，有绝对的意，说道："若夫至仁，则天地为一身；而天地之间，品物万形，为四肢百体。夫人岂有视四肢百体而不爱者哉？圣人仁之至也，独能体斯心而已，曷尝支离多端而求之自外乎？故能近取譬者，仲尼所以示子贡求仁之方也。医书以手足风顽谓之四体不仁，为其疾痛不以累心故也；夫手足在我，而疾痛不与知焉，非不忍而何？世之忍心无恩者，其自弃亦若是而已。"这话最为适切。又明道《识仁篇》说道："学者须先识仁，仁者浑然与物同体，义、礼、智、信，皆仁也；识得此理，以诚敬存之而已；不须防检，不须穷索，若心懈则有防心，苟不懈，何防之有？理有未得，故须穷索，存久自明，安待穷索？此道与物无对，大不足以明之，天地之用，皆我之用；孟子言，'万物皆备于我'，须'反身而诚'，乃为大乐；若反身未诚，则犹是二物有对，以己合彼，终未有之，又安得乐。订顽意思，乃备言此体，以此意存之，更有何事？必有事焉而勿正，心勿忘，勿助长，未尝致纤毫之力，此其存之之道，若存得便合有得；盖良知良能，元不丧失，以昔日习心未除，却须存习此心，久则可夺旧习，此理至约，惟患不能守，既能体之而乐，亦不患不能守也。"这主张识仁，非有存养的功不可。

　　明道心的见解，有人心道心的分别，心就是元气为人身主宰。"故道心言其本性，则为天理。"天理就是道，道就是性，故说道："道即性也，若道外寻性，性外寻道，便不是圣贤论天德。"又说道："人心莫不有知，惟人欲蔽时，至忘天德。"可知人欲去时，心就是天理。他说道："曾子易箦之意，心是理，理是心，声为律，身为度也。"明道所说的天理，就是性，就是元气，所以心亦是元气。惟人心不能无欲，怎样去法？说道："只闻人说善言者，为敬其心也，故视而不见，听而不闻，主于一也。主于内则外不失敬，便心虚故也，必有事焉不忘不要，施之重便不好，敬其心，乃至不接视听，此学者之事也，始学岂可不自此去，至圣人则自从心所欲，不逾矩。"这就是初学者执心的要道。明道又主张尚敬，说道："敬即便是礼，无己可克。"又说道："主一无适，敬以直内，便有浩然之气；浩然须要实识，得他刚大直，不习无不利。"这就是说敬能发现天然的妙质。欲防人欲的害，学问最要。他说道："学者须学文，知道者进德而已，有德则不习无不利，未有学养子而后嫁，盖先得是道矣。学文之功，学得一事是一事，二事是二事，触类至于百千至穷尽，亦只是不是德，有德者不如是。故此言可为知道者言，不可为学者言，如心得之，则施于四体，四体不言而喻；譬如学书，若未得者，须心手相须而学，苟得矣，下笔便能书，不必积学。"

性绝内外，故吾人的心不动而静，就能洞察是非，不以我为喜怒，从于物而喜怒。欲明此意，试看《定性书》后半："夫天地之心，以其心普万物而无心；圣人之常，以其情顺万事而无情；故君子之学，莫若廓然而大公，物来而顺应。《易》曰：'憧憧往来，朋从尔思。'苟规规于外诱之除，将见灭于东而生于西也；非惟日之不足，顾其端无穷，不可得而除也。人之情各有所蔽，故不能适道，大率患在于自私而用智，自私则不能以有为为应迹，用智则不能以明觉为自然。今以恶外物之心，而永照无物之地，是反鉴而索照也，《易》曰：'艮其背，不获其身；行其庭，不见其人。'孟子曰：'所恶于智者，为其凿也。'与其非外而是内，不若内外之两忘也，两忘则澄然无事矣；无事则定，定则明，明则尚何应物之为累哉？圣人之喜，以物之当喜；圣人之怒，以物之当怒；是圣人之喜怒，不系于心而系于物也；是则圣人岂不应于物哉？乌得以从物者为非，而更求在内者为是也；今以自私用智之喜怒，而视圣人喜怒之正为何如哉？"又说道："夫人之情易发而难制者，惟怒为甚；第能于怒时遽忘其怒，而观理之是非，亦可见外诱之不足恶，而于道亦思过半矣。"这是以客观的理，制主观的情，乃明道防怒的方法。

明道的性说，是随万物固有的性，各得其所，万物各自完备，如鸟的营巢，蜘蛛的结网，皆能自然得生成之道；今人能生成于社会，就是率性的缘故，不可不知。

第五节　程颐

程颐字正叔，居伊水上，故称伊川先生。少明道一岁，十八岁上仁宗书，劝以王道为心。游太学时，胡安定试诸生，见伊川论大惊，延见授学职，治平熙宁间屡不应荐。元祐初和苏东坡同居经筵，东坡喜谐谑，伊川守礼法，东坡常嘲他，二人遂不合，门下互诽谤，分洛、蜀两党。未几伊川罢官，即死。伊川接学者严毅，曾闭目静坐，游酢杨时侍立不去，伊川张目说道："日暮矣，姑就舍。"游杨退，不料门外已雪深三尺，称为"程门立雪"。嘉定十三年，赐谥正公，所著有《易传》四卷，《宋志》九卷，诗文数十篇。欲研究他的理学，有《语录》一书。他和兄学问相同，但兄为人温和，他颇严肃，因此而学说稍稍不同。

（一）宇宙论　伊川和明道的学说，明道为综合的，伊川为分析的；后来继承综合派的为陆王二子，继承分析派的为朱晦庵。明道的宇宙论为气一元说，伊川为理气二元说，晦庵尤为显著。伊川说道："离了阴阳便无道。所以阴阳者是道也，阴阳气也，气是形而下者，道是形而上者，形而上者则是理也。"这就是说道即理。又说道："天地之道，至顺而已矣；大人先天不违，亦顺理而已矣。"理与气虽有形上形下的分别，然亦并不分离；故伊川又说道："有理则有气，有气则有理；鬼神者数也，数者气之用也。"这显然以理气二元说宇宙造化，且先理后气，开晦庵二元论的先声。又说道："物之名义，与气理贯通；夫天之所以为天，本何为哉？苍苍焉耳矣，其所以名之曰天，盖自然之理也；名出于理音出于气，宇宙由是不可胜穷矣。"这就是说理为万物所同，不过气有清、浊、厚、薄的分别，以名喻理的一致，以音喻气的分殊。又说道："天、地、日、月，其理一致，月受日光而不为亏，月之光乃日之光也；地气不上腾，天气不下降，天气下降，至于地中，生育万物者，乃天之气也。"这是借日月二物以譬喻理能通于万物。伊川论天地化育，说明道生万物，实本于自然，说道："一阴一阳之谓道；道非阴阳也，所以一阴一阳道也。"又说道："道则自然生万物，今夫春生夏长了一番，皆是道之生；后来之生成不可道，却将既生之气，后来却要生长；道则自然不息。"这是说道虽出于自然，然仍日新又新，生生不已。又申说道："真元之气，气之所由生，不与外气相杂，但以外气涵养而已。若鱼之在水，鱼之性命非是水为之，但必以水涵养，鱼乃得生耳。人居天地气中，与鱼在水无异；至于饮食之费，皆是外气涵养之道。出入之息者，阖辟之机而已，所出之息，非所入之气，但真元自能生气；所入之气，正当辟时随之而入，非假之以助真元也。若谓既反之气，复将为方伸之气，必资于此，则殊与天地之化不相似；天地之化，自然生生不穷，更复何资于既毙之形，既返之气，以为造化。近取诸身，其开辟往来，见之鼻息，然不必须假吸复入以为呼气，则自然生。人气之生，生于真元，天地之气，亦自然生生不穷；至如海水阳盛而涸，及阴盛而生，亦不是将已涸之气却生水，自然能生；往来屈伸，只是理也盛则便有衰，昼则便有夜，往则便有来。天地中如洪炉，何物不销铄。"伊川所说真元，就是理；气为理所生，理生生不已，故气自然不穷，并非前气复为后气。又说阴阳变化无穷的妙用道："天行健，不留一息，令人疑其速，然密察寒暑之变，却觉其迟。"又说道："阴阳二气，变化而生万物，则虽一物不能相同；一叶犹有左右表里，各不相同，万变不齐之状，虽巧于数者，不能穷计。"又说道："天地之化，既是二物，必动已不齐；譬之两扇磨行，便其齿齐不得，齿齐既动，则物之出者何可得齐，转则齿更不复得齐，从此参差万变，巧历不能穷也。"又说道："天地交而万物生，于中纯气为人，繁气为物。"伊川的宇宙论大概如是。

（二）性说　明道不能说明性恶的由来，然曾讲过"人生气禀，理有善恶"。伊川复明说为人性皆善，不过气有清浊，禀清气生的为善人，禀浊气生的为恶人。而性就是理，有善恶的为才。说道："性出于天，才出于气；气清则才清，气浊则才浊；才出有不善，性则无不善。"更说明的普遍善，其言道："性无不善，而有不善者才也；性即是理，理则自尧舜至于途人一也。才禀于气，气有清浊，禀其清者为贤，禀其浊者为愚。"理与气分得清楚，性善论可算成立，这就是宋儒理气的渊源，不可不知。

性就是理，非抽象的，非形式的，乃力学的；故性发动的时候就是情。性是善的，惟情须得其宜，不过不能说情是不善的。有人以性善情不善问伊川，说道："情者性动也，要归之正而已，亦何得以不善名之。"又说道："性即理也，天下之理，原其所自，未有不善。喜怒哀乐未发，何尝有不善；发而中节，则无往而不善。"未发就是性未见于外，既发就是性已见于外，已见就有善和不善的分别。

伊川又说性就是心，说道："孟子曰：'尽其心者，知其性也。'心，即性也。"惟心和性怎样不同？说道："在天为命，在义为理，在人为性，主于身为心，一也。"惟命与性与理与心，皆不能离乎道；道为活动的，为万物生成之本体，故心为人的生道。"心，生道也，有是形心即具是形以生；恻隐之心，人之生道也。"

心为绝对的，故又说道："一人之心，即天地之心。"心通共通的基础，以说明万物感通的理，说道："在此而梦彼，心感通也；已死而梦见，理感通也；感通明时，焉知远近生死今古之别哉？杨定鬼神之说，其能外于是哉？"心为本体，具备万理。说道："冲漠无朕，万象森然已具；未应不是先，已应不是后，如百尺之木，自根本至枝叶，皆是一贯，不可道上面一段事，无形无兆，却待人施安排，引入来教入涂辙。"这句话他就是说理备于心，但并不在内；可蹈而行，也不在外；因为冲漠而无形迹可见。总之理就是日用彝伦之道，从洒扫应对至忠孝一切皆是。此外尚有其他性说列下。

> 天地储精，得五行之秀者为人。其本也真而静，其未发也五性具焉；形既生矣，外物触其形而动于中矣；其中动而七情出焉，曰：喜、怒、哀、惧、爱、恶、欲，情既炽而益荡，其性凿矣。
>
> 性字不可一概论，"生之谓性"，止训所禀受也。"天命之谓性"，此言性之理也。今人言天性柔缓，天性刚急，言天成皆生来如此，此训所禀受也。
>
> "性相近也。"性一也，何以言相近？曰：此只言气质之性也，如俗言性急性缓之类；性安有缓急，此言性者，生之谓性也。
>
> 论性不论气不备，论气不论性不明。
>
> 孟子言性之善，是性之本。孔子言性相近，谓其禀受处不相远也。

伊川分别性与气很清楚，气为形而下的，性为形而上的。又为力学的，其立脚点为二元论，虽以性与心同一，以成冲漠无朕说，然决不能以心生成宇宙之万物，这是和明道的一元论不同处。明道所说的性，就是元气。

　　伊川因气有清浊，故人的修养，就是去浊，说道："气有清浊，性则无不善；养孟子所养之气，达于至极之点，则清明纯全，而去所昏塞之恶。"又说道："致知在所养，养知莫过于寡欲二字。"寡欲则知能灵明，就是性能灵明。

　　伊川的穷理说："积个个之穷理，然后脱然而有所了；仅着目一个事，不可以终穷理之效。"这是伊川的根本思想，穷理的方法，"一曰：读书讲明文理。二曰：论古今人物而别其是非。三曰：应接事物而处其当。"他说穷理工夫："须是识在所行之先，譬如行路，须得光照。"伊川所说穷理，是属于见闻之智呢？是属于理性之智呢？不可不知。兹将伊川的格物致知说列下。

　　　　进学则在致知。
　　　　学莫大于致知。
　　　　"致知在格物。"格，至也；如祖考来格之格。凡一物有一理，须是穷致其理。
　　　　穷理即是格物，格物即是致知。或问："格物须物物而格，抑格一物可通众理？"答曰："怎生便会该通，若只格一物便通众理，虽颜子亦不敢如此道。须是今日格一件，明日又格一件，积习既多，然后脱然自有贯通处。"
　　　　见闻之知，非德性之知，物交物则知之非内也，今之所谓博物多能者是也。德性之知，不假见闻。

知者吾之所固有，然不致则不能得之，而致知必有道；故曰："致知在格物。"

"致知在格物。"非有外铄我也，我固有之也；因物有变迁而不知，则天理灭矣；故圣人欲格之。

万物皆有良能，常见禽鸟中做得窠子，极有巧妙处，是他良能，不待学也；人初生，只有吃乳一事不是学，其他皆是学，人只为知多害之也。

知出于人之性，人之为知，或入还巧伪，而老庄之徒，遂欲弃知，是岂性之罪也哉！孟子言："所恶于知者，为其凿也。"

见闻之知，就是普通智识。德性之知，就是天赋良知。扩充良知，就是致良知。伊川为王阳明的先驱，诚不可及。

伊川的知行合一说："耳目之识，不足以发于行，真心知了后，始得发于行。蒙一度虎啮牙之害者，闻虎名则神色忽变；然未感啮牙之痛者，虽未尝不知虎之恐，但不如彼之神色忽变。又如脍炙，贵公子野人均知其美味，然贵人闻其名，则生好之之色，野人则不然。学者之真知亦如此。夫勉强合于道而行动者，决不能永续。人之性本善，循理而行顺；是故烛理明者，则自然循理而行动为至乐。"此外尚有知行合一说列下。

知至则当至之，知终则当遂终之，须以知为本。知之深则行之必至，无有知之而不能行者。知而不能行，只是知得浅；虽饥不食乌喙，人不蹈水火，只是知也；

人为不善，只是不知。

> 君子以识为本，行次之。今有人焉，力能行之，而识不足以知之，则有异端者出，彼将流宕而不知反，内不知好恶，外不知是非，虽有尾生之信，曾参之孝，吾弗贵矣。

伊川和王阳明的知行合一说，阳明注重行，伊川则注重知，和西哲梭格拉底相同。

伊川的居敬说："欲屏去闻见知思，固为不可，惟忧思虑纷乱时，须坐禅入定；我心明如镜，不得不交感于万物，即不能无思虑。若欲免之，惟此心要有主，所谓主者敬也，敬者主一无适之谓也，人心不可二用，用于一事，则不能入他事，今习练主一无适，则思虑纷乱之患自然消灭。《易》所谓'敬以直内，义以方外'云者，直内者，主一之义，不欺不慢，不愧屋漏，皆敬之事也；但存此敬而涵养时，自然天理明也。"这话和明道很相同。此外尚有居敬说列下。

> 涵养须用敬，进学则在致知。
> 切要之道，无如"敬以直内"。
> 敬则无己可克，学者始则须绝四。
> 闲邪即诚自存，不是外面提一个诚将来存着；今人外面役役于不善，于不善中寻个善来存着，如此则岂有入善之理。
> 但惟是动容貌，整思虑，则自然生敬；敬只是主一也，主一则既不之东，又不之西，如是则只是中。

威仪严肃,非敬之道,但致敬须从此入。

敬是闲邪之道,"闲邪存其诚",然亦只是一事,闲邪则诚自存矣。天下有一个善,一个恶,去善即是恶,去恶即是善。

明道和伊川不同,明道为一元论,一元就是道心,修为的目的,就是排除道心的邪恶。伊川为二元论,就是性和气,气有清有浊,故穷理功夫不可少。所以明道为悟脱的,伊川为穷理的。后来朱晦庵绍述伊川,而伊川穷理说,为象山勃起的原因;知行合一说,为阳明勃起的原因。

第六节　程学后继

明道和伊川理论不同，然门户未分，且在同一家内教授门人，故不称为明道的或伊川的门人，而称为程学的门人。程门所重在修养，因兄弟稍有不同，故学风因而不同。明道说道心就是性，就是元气，其风简易笃实。伊川分性和气，稍觉繁琐。因此而门人各就性质所近以遵守，其中著名的不少，以谢上蔡、杨龟山能开发二程思想的所在，深得以心传心的妙处。

（一）谢良佐　谢良佐字显道，寿阳上蔡人，因号上蔡。从明道学，明道说："此子展拓得开，将来可望。"后复从伊川学，伊川问他所进，上蔡道："但去得一矜字耳。"伊川道："此所谓切问而近思者也。"元丰八年，登进士，上蔡与胡文定公书说道："儒之异于禅者，正在下学之处，颜子之功夫，真百世之轨范也；舍此应无入路，无住宅，二三十年不觉虚过矣。"所著有《论语说》，可见到他思想的，有《上蔡语录》，为后陆象山的前驱。

上蔡的思想，从明道的简易学风而得，以心为中心。说道："心者何也？仁是已；仁者何也？活者为仁，死者为不仁。"与明道所说仁为元气为性为道心不同。又说道："今人身体麻痹不知痛痒，谓之不仁；桃杏之核可种而生者，谓之桃仁杏仁，有生之意；推此而仁可见矣。"与伊川分析心与仁大不同。伊川说："心譬如谷种，生之意便是仁，阳气发处乃为情。"可见上蔡近明道而远伊川。兹将上蔡的学说列下。

学佛者知此谓之见性，遂以为了，故终归妄诞。圣门学者,见此消息,必加功焉。故曰"回虽不敏,请事斯语矣","雍虽不敏,请事斯语矣",仁"操则存,舍则亡"。

仁者天之理,非杜撰也,故"哭死而哀,非为生也;经德不回,非干禄也;言语必信,非正行也"。天理当然而已矣,当然而为之,是为天之所为也。圣门学者大要,以克己为本;克复礼无私心焉,则天矣。

所谓天理者,自然底道理,无毫发杜撰,"今人乍见孺子将入于井,皆有怵惕恻隐之心"。方乍见时,其心怵惕,即所谓天理也;"要誉于乡党朋友,内交于孺子父母,恶其声而然",即人欲耳;天理与人欲相对,有一分人欲,即灭却一分天理;有一分天理,即胜得一分人欲;人欲挥肆,天理灭矣,任私用意,杜撰做事,所谓人欲肆矣。

上蔡以心以天具体的解释仁,他的学问又以心为中心,说佛家的论性,犹之儒家的论心。上蔡看重心的结果,已到达于知行合一说,他说道:"真知自然行之不难,真知而行,未免有意,意有尽时。"这种学问思潮,确是陆王的先导。

(二)杨时　时号龟山,字中立,与谢上蔡并称程门二杰。神宗朝举进士,不仕而学于明道,明道称他"杨君会得最容易"。及归,明道说:"吾道南矣。"明道死,又从伊川,事益恭。程门立雪故事,龟山亦在内。卒谥文靖,所著有《龟山集》三十五卷,《三经义辨》《语录》等。

龟山和明道同为气一元论,说通天地只是一气,宇宙间千态万状，不外一气之离散而已；故论死生如冰释冻为水。他主张性善，亦佛教与儒教性善说相比较，"经中说十识，第八庵摩罗识，唐言白净无垢；第九阿赖耶识，唐言善恶种子；白净无垢，即孟子之性善是也。言性善可谓探其本，言善恶混乃是于善恶已萌处看。"据龟山所说孟子是就本说，扬雄是就末说，并无矛盾处。又说《大学》言格物致知以至平天下，而以诚意为主，《中庸》言天下国家有九经，而行之者诚，然非格物致知，不能知其道。若谓意诚便足以平天下，则先王之典章，皆为虚器。他能以《大学》、《中庸》的精意合而为一，此外则除继承二程余绪外，别无创见。

（三）吕大临　吕大临字与叔，京兆蓝田人。与兄大忠、大钧学于横渠，后归二程。蓝田和谢上蔡、游定夫、杨龟山称程门四先生。蓝田为学，注重防检穷索，明道告以"无须如是，只要识仁就得了"。蓝田尝赋诗道："学如元凯方成癖，文到相如始类俳。独立孔门无一事，只须颜子得心齐。"伊川称为得本。卒年四十七，有《文集》、《诗说》、《大学说》、《中庸说》、《克己铭》与未发之中问答，虽已节易过，然可窥见一斑。

蓝田的修养功夫，在存未发之中的心状，尝说道："赤子之心，良心也；天之所以降衷，人之所以受天地之中也，寂然不动，虚明纯一，与天地相似，神明为一。传曰：'喜、怒、哀、乐未发谓之中。'其谓此乎？此心自正，非待人而后正也，盖言使良心作用清明，以接事物耳，故先立其大者，则小者不能夺；若令忿懥，好乐忧患，一夺其良心，则视听食息，从之失守。"这就是后来罗豫章、李延平主静主中的学风开始，与宋理学很有关系。

（四）胡宏　宏字仁仲，号五峰，崇安人，胡安国少子。五峰幼有志道学，在京师见龟山，又在荆门从侯师圣，住衡山二十余年,能传家学,又能继程学,张南轩曾师事他。著作有《知言》《诗文集》、《皇王大纪》、《易外传》等,吕东莱以《知言》过于《正蒙》,开当时湖湘的学统。

五峰说道:"圣人指道之体曰性,指其用曰心;性不能不动,动则心也。"五峰以心由性而分,为活动的,而以性为静的。又说道:"天命之谓性,性者大本也;尧、舜、禹、汤、文王、仲尼六君子先后相诏,必曰心而不曰性,何也?曰:心也者,知天地宰万物以成性者也。六君子尽性者也,故能立天下之大本,人至于今赖其利。"伊川以来,说心颇不详,五峰独分析性与心很明畅,而以心为主,是从上蔡思潮得来。

龟山以佛学说性善,原由庐山总老得来,而五峰亦受其说:"或问性。"曰:"性也者,天地之所以立也。"曰:"然则孟轲氏、荀卿氏、扬雄氏以善恶言性也,非欤?"曰:"性也者,天地鬼神之奥也,善不足以言之,况恶乎哉?"或又曰:"何谓也?"曰:"某闻之先君子曰:'孟子所以独出诸儒之表者,以其知性也。'某请曰:'何谓也?'先君子曰:'孟子之道性善云者,叹美之辞,不与恶对也。'"这就是他以性为绝对善的地方。又说道:"凡人之身,粹然天地之心,道义完具,无适无莫,不可以善恶辨,不可以是非分,无过也,无不及也。此中之所以名也。"五峰以性为人生生活所必然,情和欲亦为人性中所不可少的,无须排斥,说道:"凡天命所有,而众人有之者,圣人皆有之。人以情为累也,圣人不去情;人以才为有害也,圣人不病才;人以欲为不善也,圣人不绝欲;人以术为伤德也,圣人不弃术;人以忧为非发也,圣人不忘忧;人以怨为非宏也,圣人不释怨。然则何以别于众人乎?圣人发而中节,而众人不中节也;中节者为是，不中节为非；挟是而行则为正，挟非而行则为邪；正者为善，邪者为恶；而世儒乃以善恶言性，邈乎辽哉！"这段文字，最有价值，五峰以性为天命，性的概念，因此一大变，不以理说，亦不以道心说，凡人一切情欲及伦理法则皆是。惟善恶的名称，由于性发动时中节与否而定。而支配性的发动就是心，故中节与否在心，惟心的标准怎样去求？说道："本之良心。人类有至机敏之机关，能鉴别是非邪正者。"又说道："人皆有良心，故被之以桀纣之名，虽匹夫不受也。""齐王见牛而不忍杀，良心之苗裔，见于利欲之间者也。一见操而存之，存而养之，养而充之，以至于大，大而不已，则与天地同。"他论心性颇自得，说心无善恶，又无死生，或问："心有死生乎？"曰："无生死。"曰："然则人死其心安在？"曰："子既知其死矣，而问安在耶？"或曰："何谓也？"曰："夫惟不死，是以知之，又何问焉。"或曰："未达。"胡子笑曰："甚哉子之蔽也，子无以形观心，而以心观心，则其知之矣。"又说道："天下莫大于心，患在于不能推之尔。莫久于心，患在于不能顺之尔。""性譬诸水乎？则心犹水之下，情犹水之澜，欲犹水之波浪。""气之流行，性为之主；性之流行，心为之主。""大哉性乎！万理具焉，天地由此而立矣；世儒之言性者，类指一理而言之尔，未有见天地之至体者也。"

五峰理学稍嫌近常识，惟分析很明白，能脱程学范围。后来张南轩、吕东莱、朱晦庵等，疑《知言》非程学，亦有理由。

（五）李侗　侗字愿中，号延平，南剑人。年二十四，闻罗从彦传河洛之学，遂往，很佩服师的不求人知。亦谢绝世故，独居一室，四十余年，安贫乐道。晦庵说："李生生不著书，不作文，颓然若一田夫野老。"延平事亲从兄，为人所难能，所著仅《延平问答》。

延平学问的第一义，就是瞑目静坐，体认天理。说道："学问之道，不在多言，但默坐澄心，体认天理，若是虽一毫私欲之发，亦退听矣。久用力于此，庶几渐明，讲学始有力耳。"晦庵也说道："延平先生，教人静坐。"他的学问颇近禅，真理可由真觉而知。说道："大率吾辈立志已定，若看文字，心虑一澄然之时，略绰一见与心会处，便是正理；若生疑即恐凝滞。"他不务高远，专于日用常行间考察正道所在。他评上蔡道："语极好玩味，渠盖于日用上下工夫。"他与刘平甫书："大率有疑处，须静坐体究，人伦必明，天理必察，于日用处着力，可见端绪，在勉之尔。"

他主张心与气合致。不过并非伊川所说形而下的气，是说人类生理的条件中一种盲目的动力，动力有障碍，就是无知妄作，所以动力能与心一致，就能率理而行动。不过后来晦庵的气的观念，非延平的，是伊川的；可知晦庵所得到延平的，不在思想而在实践涵养。晦庵初见延平，发表自己学问颇畅，延平说道："子虽说许多之理，而面前之事却未解。"晦庵反省后，就知佛氏不足的地方。晦庵说道："李先生教人，大抵令于静中体认大本未发时，气象分明，即处事应物，自然中节，此乃龟山门下相传秘诀。"赵师言说道："有所依据而笃守，循序而渐进，无凭虚蹈空之失者，实延平先生一言之绪也。"晦庵解释仁为天理流行，说甚畅，延平说："仁为受天地之中而生，为人类所固有者。"不仅以流行相形容，较明道尤精确。

延平杂话："圣门之传《中庸》，其所以开悟后学无余策矣；然所谓喜、怒、哀、乐，未发之谓中者，又一篇之指要也，若徒记诵而已，则亦奚以为哉？必也体之于身，实见是理，若颜子之叹，卓然见其为一物,而不违乎心目之间也,然后扩充而往,无所不通,则庶乎其可以言中庸矣。""某曩时从罗先生学问,终日相对静坐,只亡文字,未尝及一杂语。先生极好静坐某时未有知,退入室中,亦只静坐而已;罗先生令静看喜、怒、哀、乐未发之中,未发时作何气象。""常有此心,勿为事胜,欲虑非僻之念,即不自作。孟子有夜气说,熟味之,当见涵养用力之处;著力于涵养之处,正是学者之要,若不如此存养,终不为己物。"

（六）张栻　栻字敬夫,号南轩,广汉人父浚,封魏国公,曾作《经解》。南轩从胡五峰学,五峰赞道:"圣门有人,吾道幸矣。"官至吏部郎兼侍讲,所说大都修身、务学、畏天、恤民、抑侥幸、屏谗谀等话,为宰相所忌,遂退隐,所著有《文集》、《论语解》《孟子说》等。

南轩曾说道:"太极动而二气形,二气形而万物化生,人与物俱本此者也,原物之始,亦岂有不善者哉？其善者天地之性也,而孟子道性善,独归之人者,何哉？盖人禀二气之正,而物则其繁气也。人之性善,非被命受生之后,而其性施而是善也;性本善而人禀乎气之正,初不隔其全然者耳,若物则为气所昏而不能以自适也;惟人全乎天地之性,故有所主宰而为人之心,所以异于庶物者,独在于此也。"又说道:"学者潜心孔孟,必求其门而入,以为莫先于明义利之辨。盖圣贤无所为而然也,有所为而然者,皆人欲之私,而非天理之所存,此义利之分也;自未知省察者言之,终日之间,鲜不为利矣,非特名位货殖,而后为利也,意之所向,一涉于有所为,虽有浅深之不同,而其为徇己自私,则一而已。"问:"为佛学者言人人当常存此心,令日用之间,眼前常见光烁烁地,此与吾学所谓操则存者有异同否？"曰:"某详佛学所谓，与吾学之云存字虽同，其所以为存者，固有公私之异矣。吾学操则存者，收其放心而已矣；收其放心而公理存，故于所当思而未尝不思也，所当为而未尝不为也，莫非心之所存故也，佛学之所谓存心者，则欲其无所为而已矣，故于其当有而不知有也，于所当思而不知思也；独凭借其无所为者以为宗，日用间将做何用？其云令日用之间，眼前常见光烁烁地，是弄此为作用也；目前一切以为幻妄，物则尽废，自利自私，此不知天故也。"又说道："学者循名忘实，此真可忧。但因此遂谓理学之不可讲，大似惩噎废食，是因盗儒为害者，而遂谓儒之不可为，可乎？"

南轩学说，最有名的就是分辨义利说，有所为而为的是利，无所为而为的是义，可知伦理的行为善恶，不在行为而在动机，动机出于利就是不善，动机出于义就是善，这和德国哲学家康德的学说完全相同。

第七节　朱熹

朱熹字元晦，亦称晦庵，婺源人。父松，和李延平同学于罗从彦。晦庵幼即聪颖，年十九举进士，二十四岁始见延平，即觉从前所学的空远，专从延平著实处入手。孝宗时数上书，不能用，御史陈贾道："道学者大率假名以济伪，愿摈弃勿用。"有忠告晦庵的，说："正心诚意之论，上所厌闻，请勿以言。"晦庵道："吾平生所学在此四字，岂可隐默而欺吾君乎？"后为林栗所劾，遂归。

宁宗朝，何澹、刘德秀、胡纮、姚愈、沈继祖、余哲等毁谤备至，当时从晦庵游的，或隐山林，或改名迁居，或易服狎游，以示非党，惟晦庵讲学不休，仍能镇静坚定。后疾革，嘱其子及门人勉学，并修正遗书，即逝，谥文公。理宗朝，追封信国公，赠太师。遗著有《大学中庸章句》、《或问》、《太极图解》、《通书解》、《西铭解》、《易本义》、《启蒙》、《蓍卦考误》、《论语集注》、《孟子集注》、《诗集传》、《楚辞集注辨证》、《韩文考异》、《论孟集议》、《孟子指要》、《中庸辑略》、《孝经刊误》、《小学》、《谢上蔡语录》、《延平问答》、《宋名臣言行录》、《程氏外书》、《程氏遗书》、《家礼》、《近思录》、《通鉴纲目》、《伊洛渊源》、《正蒙解》等。如欲窥见其理学思想，须研究其后人的编纂，如《朱子语类》、《朱子语录》、《朱子文集》、《朱子书节要》等。兹将晦庵的学说列后。

（一）哲理说　晦庵继续伊川思想，主理气二元说，而以周子的太极明断为理。他说的理是与气相对的，与太极为同一物，太极就是理。说道："只是一个理而已，因其极致，故曰太极。"晦庵以为宇宙一切现象，皆由于理气之合成而成。"人物之生也，必禀此理以成其性，必受此气以成其形，性与形为有所必然的。""惟理与气非分离而存在的，无此气时，理无挂搭之处；无此理时，气不能成形；故无无气之理，亦无无理之气。"更进而论理气作用的区别，"理为形而上之道，为万物所以生之原理；气为形而下之器，率于理而为铸型之质料。""气之自身，不能运动，必待理之指向，始能流行。""故理与气不可以时之前后论。"晦庵颇信"天地有始说"与"太极图说"，"无天地时，只是理而已。"有人问理与气如何？他说道："有此理便有此气，但理是本。""然理非别为一物,仅存在于气之中而已。"

晦庵论太极和万物的关系,以为理散在万物,然可统一,不过从特殊方面看来,则理不相同。说道:"人人有一太极,物物有一太极,合而言之,则万物体统于一太极;分而言之,则一物各具一太极。"他从各方面看理,多称为太极,一太极分布于万物,而一物的太极,和原始的太极并无分别。说道:"一粒之粟,生而为苗,苗便生花,花便结实,又成粟而还复于原形。一穗有百粒,每粒个个完全,又将这百粒种时,一粒又生百粒,生生只管不已,其初只是从这一粒分去。与此相同,物物各有理,总只是一理。"可知太极为一而多且全智全能者,如禽、兽、草、木,虽有许多差别,然理只是一个,说道:"外而至于人,则人之理不外于己也;远而至于物,则物之理不异于人也;极其大,则天地之运,古今之变,不能外也;尽于小,则一尘之微,一息之顷,不能遗也;是乃上帝所降之衷,烝民所秉之彝,刘子所谓天地之中,夫子所谓性与天道,子思所谓天命之性,孟子所谓仁义之心,程子所谓天然自有之中,张子所谓万物之一原,邵子所谓道之形体者。"可知晦庵所说的太极,就是一的意思,不但是共通普遍的理,并且是个别具体的理,就是不仅限于一物的理。不过晦庵所说的太极,能否完全实现于各物,是不可不研究的。

理不能完全实现,因各物气不同的缘故。晦庵说道:"以理言之,则无不全;以气言之,则不能无偏。""理虽无差别,而气有种种之别,有清爽,有昏浊,难一一枚举。"这虽是万物差别的缘故,"然一一皆有太极,其状恰如宝珠之在水中,在圣贤之中,则如在清水中,其精光自然发现;其在至愚不肖中,则如在浊水中,非澄去泥沙,其光不可见。"不但是人类间有如是差别,就是人和物的差别，亦不过因气的关系，取周子的宇宙论一观就明白，说道："得其气精英者为人，得其渣滓者为物，生气流行，一滚而出，初不道付其全气与人，减下一等与物也，但禀受随其所得，物固昏塞矣，而昏塞之中，亦有轻重。"晦庵以宇宙间为阴阳二气的屈伸往来，说道："天地间无两立之理，非阴胜阴，则阳胜阳，无物不然，无时不然，寒暑昼夜，君子小人，天理人欲皆然。"

（二）心性说　"人物由理气二者而成，理即太极，太极即性，是人物所同得，此为本然之性。""仁、义、礼、智、信为人生为人之法则，不可不具备。""本然之性外，尚有气质之性；气质之性，准于气之清浊如何？清者为圣贤，浊者为昏愚。更详言之，得木气重者恻隐之心常多，羞恶、辞让、是非之心因此塞而不得发；得金气重者羞恶之心常多，恻隐、辞让、是非之心因此塞而不得发；火、水亦然。故气质之性完全之人，阴阳合得，五性全备，为中正者圣人是也。""故气质之性，在形体之后，然无形质，则本然之性无安置自己之地位，如一勺之水，非以物盛之，则水无归着之所。"晦庵的意以为本然之性，实际与气质之性相密接，是以论气质之性时，势不得不杂言理与气。

心为一身的主宰，具众理而应万事，惟理与气究竟谁属？这不得不属气。说道："心者气之精爽。"心与性有怎样关系？说道："性者心之所具之理。"又说道："心以性为体。"心与性的关系可知。这是经验的心，为气所凝成的，此外尚有超越的心，与经验的心的性质同样述之。（一）因理而刺动，就是道心。（二）因气而刺动，就是人心。恻隐、羞恶等心为道心，一切嗜欲等为人心，说道："道心是义理上发出来底，人心是人身发出来底，虽圣人不能无人心，如饥食渴饮之类。虽小人不能无道心，如恻隐之心是。"

晦庵关于情的见解，说道："情通性之气而为所发动，心统性与情者，故从性之方面见之，心寂然不动；从情之方面见之，则感而遂通。"又说道："心未动时为性，心已动时为情。心统性情，此之谓也；欲由情发，而欲有善恶，此矛盾也；情已善，何以欲出恶？"又说道："心如水，性犹水之静，情则水之流，欲则水之波澜；但波澜有好底，有不好底，如我欲仁，是欲之好底；欲之不好底，则一向奔驰出去，若波涛翻浪。"情出于性，并非不善，孟子说："情可以为善。"是不过情常为欲所乱，所以不能完全实现。晦庵以为四端发于性，七情由四端发出，就是哀、惧由恻隐发出，怒、恶由羞恶发出，惜不能遍及，但说道："但分七情而不可配四端，七情自能贯通于四端。"

理就是天地生物之心，而在人的就是仁。他说道："仁，人心也。"仁包含礼、义、智，故去私见，而以仁充分活动，如行孝、弟、恕，皆不外乎心的特别作用。说道："盖人之为道，乃天地生物之心，即物而在；情之未发，而此体已具；情之既发，而其用不穷；诚能体而存之，则众善之源，百行之本，莫不在是；此孔门之教，所以必使学者汲汲于求仁也。其言有曰：'克己复礼为仁。'言能克去己私，复乎天理，则此心之体无不在，而此心之用无不行也。"又说："事亲孝，事兄弟，及物恕，则亦所以行此心也。"

（三）修为说　格物致知和穷理，晦庵看来是同一的，说道："格物致知，是穷此理。"又说格物的精细工夫，"格物十事，格得九事通透，即一事未通透，不妨；一事只格得九分，一分不通透，最不可，须穷到十分处。""致知格物，只是一事，格物时即致知；凡人之入德处，全在格物致知。""致知格物，即穷理之要，必在读书；读书之法，以循序致精为第一；而致精之本，在居敬持志。"晦庵又示精密的读书法，说道："读书之法，在循序而渐进，熟读而精思，字求其训，句索其旨。未得于前，则不敢求其后；未通乎此，则不敢志乎彼；先须熟读，使其言皆若出于吾之口，继以精思，使其意皆若出于吾之心。"又说道："读书别无法，只要耐烦子细是第一义。"

晦庵关于存夜气的见解，说道："日间所理会而得的，入夜即须涵养。日间进一分道理，夜气便添一分；第二日更进一分的道理，夜气便添二分；第三日更进一分的道理，夜气便添三分。日日只管进，夜气只管添，添来添去，这气益盛。日间悠悠而无工夫过去，则夜间便减一分气；第二日无工夫，则夜间又减二分；第三日无工夫，则又减三分；夜气既亏，则渐无根脚，遂至去禽兽不远。"晦庵又引延平语道："延平先生尝言：'道理须是日中理会，夜里却去静坐思量，方始有得。'某依此法去做，真是不同。"晦庵又教学者静坐，说道："静坐非如坐禅入定，断绝思虑，只收敛此心，无烦思虑，此心湛然无事，自然专一，及有其事，则随事应事，已时复湛然。"晦庵又示执心的要点，说道："心有所用，则心有所主，只看如今才读书，则心便主于读书；才写字，则心便主于写字；若是悠悠荡荡，未有不入于邪僻者。"

晦庵第一取伊川所说不明了的心字，使之属于二元的一气；第二他的情性说颇精当，故晦庵可为宋代哲学的大成者。从明道以至今日，理气的观念，共有三段的变迁，明道未分别理与气，而解释性即气；晦庵分别理与气，而以明道之性的观念，附属于理，因此理带了些实在的意味；不过后世论晦庵的理为形式的，而与气有区别。

第八节　朱子门人

（一）蔡元定　元定字季通，号西山，建阳人。闻晦庵名，拜为师。庆元初为沈继祖所参，谪道州，后卒于贬所。嘉定三年，谥文节。西山从晦庵最久，博闻强识，同辈皆不及，尤长于天文、地理、乐律、历数、兵阵等。西山治家以孝、弟、忠、信，教人以性与天道，闻者莫不兴起。所著有《大衍详说》、《律吕新书》、《燕乐原辨》、《皇极经世》、《太玄》、《潜虚指要》、《洪范解》、《八阵图说》等。

（二）蔡沈　沈字仲默，号九峰，西山少子。在家服膺父教，出外师事晦翁，其《书经集传序》说求心颇详。

（三）黄干　干字直卿，号勉斋，闽县人。学于晦庵，晦庵妻以女，晦庵卒，勉斋心丧三年。著有《经解》及《勉斋文集》，卒，谥文肃。

（四）陈淳　淳字安卿，号北溪。少习举子业，后受教于晦庵，晦庵卒，北溪追思师训，穷理格物，有所贯通；并发明吾道体统、师友渊源、用功节目、读书次序为四章，以示学者。卒年六十五。所著有《道学体统》四篇、《似道似学》、《大学论语中庸口义字义详讲》等。

北溪说道："大抵人得天地之理为性，得天地之气为体。"

又说道："合理与气，方成个性。"这就是以心视为一物，比较师说以心属气而具理未作一物看的，其观念甚明，而心所能活动，则全由于气。他又说理为善的，气有善有不善的。情和晦庵所说同，是由性发出来的，说道："性中有仁，动出为恻隐；性中有义，动出为羞恶；性中有礼、智，动出为辞让、是非。"恻隐、羞恶等为情，是从仁义礼智而出来的，孟子以心统情与性，而即以心为主。情不由本性出来，而由物恶来时，即为不善，说道："情之中节，是从本性发来，便是善，更无不善；其不中节，是感物欲而动，不从本性发来，便有个不善；孟子论情全把做善者，是专指其本于性之发者之言。"又说道："喜、怒、哀、乐七情，是合善恶说。"这都是晦庵所未说的。

第九节　陆九渊

陆九渊字子静，号象山，金溪人。三四岁时，温重端静如成人，遇事物必问，一日忽问天地怎样穷尽？父笑而不答，遂深思忘寝食。五岁即读书，七八岁闻人诵伊川语，说道："伊川之言，奚与孔孟之言不类？"十三岁时，读古书，至宇宙二字，解释道："四方上下曰宇，往古来今曰宙。"忽大悟，说道："元来无穷，人与天地万物，皆在无穷之中者也。"乃提笔写道："宇宙内事，乃己分内事；己分内事，乃宇宙内事。"又说道："宇宙便是吾心，吾心即是宇宙。东海有圣人出焉，此心同也，此理同也；西海有圣人出焉，此心同也，此理同也；南海北海有圣人出焉，此心同也，此理同也；千百世之上有圣人出焉，此心同也，此理同也；千百世之下有圣人出焉，此心同也，此理同也。"象山的学问，即成于此时，十六岁读《三国六朝史》，见夷狄乱华，又闻靖康之事，慨然剪指爪去学弓马，说道："吾人读《春秋》知华夷之辨，二圣之仇，岂不可复耶？所欲有甚于生者，所恶有甚于死者；今吾人高居优游，岂不可耻耶！"三十四岁举进士，考官吕祖谦读象山《易》卷，说道："是有学问人之文，必江西陆子静也。"后祖谦约象山及其兄复斋会朱晦庵等于信州鹅湖寺，议论颇痛快，数日不决。晦庵道："人各有所见，不如取决于后世。"后常与晦庵通信，或论道，或议政，曾应晦庵召，至白鹿洞书院，讲"君子喻于义，小人喻于利"句，极中时弊。晦庵颇以为是，乞书出，曾上书议政事，惜上不用。辞官后，学者云集，卒年五十四，赐谥文安。所著有《象山全集》三十三卷，《语录》二卷，《年谱》一卷。

象山的学问，以简易直截为其特色，寻其远因，则从明道起，经过谢上蔡、王震泽而来。惟象山常不满意于伊川，说道："二程见周茂叔后，吟风弄月而归，有吾与点也之意；后来明道此意却存，伊川已失此意。"所以伊川的学问，流为晦庵；明道的学问，发为象山。象山说道："元晦似伊川，钦夫似明道，伊川蔽锢深，明道却通疏。"伊川一派分道心与人心，配理与气，所主张怎样穷理，仍不过为形式的智识，所谓本心的善并无十分关系；惟象山倡导的心即理主义，能结合穷理与本心的善。象山见晦庵，以为他所怀的是支离的主义，这就是穷理与本心的善不能打通的缘故。

（一）性理说　象山的观念，就是心即理。他主张性善，曾对学者说："汝耳自聪，汝目自明，事父母自能孝，事兄自能弟，在无少缺，不必他求，在乎自立而已。"又说道："人性本善，其不善者，迁于物也。"他与友人书，说道："盖人受天地之中以生，其本心无有不善。"又以理为普遍的，他作"则以学文"题中有句道："宇宙之间，典常之昭然，伦类之灿然，果何适而无其理也；学者之为学，固所以明是理也。"又与友人书说道："塞宇宙一理耳，上古圣人，先觉此理。故其王天下也，仰则观象于天，俯则观法于地，观鸟兽之文与地之宜，近取诸身，远取诸物。"又说道："天下事事物物，只有一理，无有二理。"象山所说的理，和程朱差不多；不过以理为形式的法则，是所当注意的。象山又以气质有厚、薄、强、弱的分别，说道："然人之生也，不能皆上智不惑，气质偏弱，则耳目之官，不思而蔽于物。"又评韩退之的《原性》道："却将气质做性说了。"象山思想与程朱立脚点不同，就是彼主张心即理，至气质本不注意。

象山不赞成心有人心道心的分别，说道："心一也，人安有二心。"他解释《尚书》上说的"人心惟危，道心惟微"二句，说道："自人而言则曰惟危，自道而言则曰惟微。"更解释危与微的意旨，说道："罔念作狂，克念作圣，非危乎？无声无臭，无形无体，非微乎？"他又解释天人分开的误谬，说道："天理人欲之分，论极有病，自《礼记》有此言，而后人袭之，记曰：'人生而静，天之性也；感于物而动，性之欲也。'若是，则动亦是，静亦是，岂有天理物欲之分，动若不是，则静亦不是，岂有动静之间哉！"

佛说："见性成佛。"象山说颇相同，最容易见的，就是他所发表的观念，他说道："《论语》中多有无头柄的说话，如'知及之仁不能守之'之类,不知所及所守者何事?如'学而时习之',不知时习者何事?非学有本领,未易读也;苟有本领则知之所及者及此也,仁之所守者守此也,时习之习此也,说者说此,乐者乐此,如高屋之上建瓴水矣。"象山所说者就是指点这个心,所以和禅家同一口吻。又说道:"道理只是眼前的道理,虽见到圣人田地,亦是眼前道理。"象山又以心为一个最大的,为具理的,说道:"义理之在人心,实天之所与,而不可泯焉者也。"又以义理为心的活动样式,说道:"盖皆人之所固有,心之所同然也。"又说道:"心即理。""循自然之理,安有内外表里之别。"这就是他的立脚地,象山以为人与人相异的缘故,就是气质的关系,说道:"气质偏弱,则耳目之官,不思而蔽于物,物交物,则引之而已;由是向之所谓忠信,流而放僻邪侈,而不能以自反矣;当是时其心之所主,无非物欲而已矣。"心从其固有法则而活动,因为耳目蔽于物欲,完全不能自己实现,这是和晦庵差异的一点。

(二)修为说　要研究象山的心即理,不可不研究象山的穷理工夫,他说道:"所谓穷理,所谓格物,皆不外开耕自己之田地,故我无所添加,惟仅自所有意识而已。故非我注六经,六经皆我注脚。"这就是和别人不同处。又说道:"我之学问与诸处异者,只是在我,全无杜撰;虽千言万语,只是觉得他底,在我不曾添一些。近有议吾者云:'除了先立乎其大者一句,全无伎俩。'吾闻之曰:'诚然。'"他以为发挥心的善处,在除物欲,说道:"今之论学者,只务添人底,自家只是减他底,此所以不同。"又说道:"格物者,格此者也,伏羲仰象俯法,亦先于此尽力焉耳,不然所谓格物,末而已矣!"格此的此字,就是指心说。

象山说道:"自立自重,不可随人脚跟,学人言语。"又说道："义理之在人心，实天之所与，而不可泯灭焉者也。彼其受蔽于物，而至于悖理违义，盖欲弗思焉耳；诚能反而思之，则是非取舍，盖有隐然而动，判然而明，决然而无疑者矣。"他常教学者道："各自圆满具足者，无少缺，故要自立。"又说道："人当先理会所以为人，深思痛省。枉自汩没，虚过日月，朋友讲学，未说到这里，若不知人之所以为人，而与之讲学，遗其大而言其细，便是放饭流歠而问无齿决。若能知其大，虽轻自然反轻归厚，因举一人恣情纵欲，一知尊德乐道，便明白洁直。"象山的实学就在此，故说道："古人皆明实理，做实事。"又说道："心之在人，是人之所以为人，而与禽兽草木异焉者也。可放而不求哉！"可知欲明自己的心，当以思为本。

总之象山心即理的观念，就是穷理和实践的结合。所谓穷理格物，终不外乎自己本心的自觉，以为入学的初步。说道："凡物必有本末，且如就树木观之，则其根本必差大。吾之教人，大概使其本常重，不为末所累。然今世论学者，却不悦此。"象山死后，继起者二人，一为门人杨慈湖，一为明代王阳明。

第十节　陆子门人

象山门人中，最有名的，为杨简、袁燮、舒璘等。

（一）杨简　简字敬仲，号慈湖，慈溪人，为进士。尝反观觉天地万物通为一体，非吾心外事，象山提本心二字，慈湖问怎样叫本心，象山道："君今日所听扇讼，彼讼扇者必有一是，必有一非，若见得孰是孰非，即决定为某甲是某乙非，非本心而何？"慈湖忽觉得此心湛然清明，遂拜称弟子。曾面奏宁宗说："斯心即大道。"卒年八十六，谥文元。所著有《己易启蔽》及其他关于礼的书。

慈湖推广心即理的观念，以一切的法则，皆为我心内事。其《己易》一篇，凡《易》所谓天地之运行，日月之交代，皆在自己范围内，说道："天地我之天地，变化我之变化，非他物也。""吾心湛然清明而非物，吾性洞然无际而非量，天者吾性中之象，地者吾性中之形，故曰：'在天成象，在地成形'。皆我之所为也。"这与西哲学家菲希的绝对自我论相同。又说道："吾未见天与地与人之有三也，三者形也，一者性也，亦曰：道也；又曰：《易》也。名言之不同，而其实一体也。"自己之性就是《易》，所有变化皆于此求，"故孔子说道：'《易》与天地准。'天地即《易》，幽明本无，必仰观俯察而后能知其故。"这就是混合佛教思想的地方，黄宗羲说他学象山而过者，当然不差。

慈湖学说，是极端唯心说，惟平日践履，一无瑕玷，虽高年亦敬谨不敢放逸，与托于禅而放诞者不同。全谢山说道："坏象山教者实慈湖，然慈湖之言，不可尽信，而行则可师。"黄勉斋说："杨敬仲集皆德人之言也。"这话甚是。

（二）袁燮 燮字和叔，号絜斋，鄞县人。曾访问吕东莱，惟其学以象山为主。说道："大哉心乎！与天地一本。精思以得之，勤业以守之，则与天地相似。"又说道："人生天地间，所以超然独贵于物者，以是心也；心者人之大本也，此心存则虽贱而可贵，不存则虽贵而可贱。"又说道："直者天德，人之所以生也；本心之良，未尝不直；回曲缭绕，不胜其多端者，非本然也。"又说道："道不远，本心即道。""此心此理，贯通融合，美在其中，不劳外索。"絜斋学象山似趋平实，较慈湖的言论有绳矩。

（三）舒璘　璘字广平，尝访问张南轩，惟其学亦以象山为主。曾说道："人之良心，本自明白，特患无所感发。一朝省悟，邪念释除，志虑所关，莫非至善。"可见他深得象山的学问。此外尚有沈炳和槐堂诸子，不多述。

第十一节　浙东独立学派

（一）吕祖谦　祖谦字伯恭，号东莱。初性极褊，后因病中读《论语》"躬自厚而薄责于人"句，遂省悟，致终身无暴怒。与朱晦庵、张南轩为友。举进士，卒谥成。所著书甚多，并与晦庵同集《近思录》。他与晦庵最善，所学尤为实践的。曾说道："古人为学，十分之中，九分是动容周旋洒扫应对，一分在诵说；今之学者，全在诵说，入耳出口，了无涵蓄。"东莱熟读《左传》，虽自己道高望重，然乐与朱陆为伍，鹅湖寺之会，他是发起人。他长于历史文章，《左氏博议》最有名，此外尚有《丽泽讲义》，可资实践道德甚多。

（二）陈亮　亮字同甫，号龙川，永康人。喜谈兵，后折节读书，自孟子以下，惟推王通。其学主致用，而非当时性理之说。立人身后而谈性命的，他以为灰埃，唾而不顾。痛朱学派流于空疏，曾作书去驳他，说道："为士以文章行义自名，居官以政事书判自显，各务其实而极其所至，各有能有不能，卒亦不敢强也。道德性命之说一兴，而寻常烂熟，无所能解之人自托于其间，以端悫静深为体，以徐行缓语为用，务为不可究测，以盖其所无。"又说道："研穷义理之精微，辨析古今之异同，原心于秒忽，较理于方寸，以积累为工，以涵养为正，睟面盎背，则于诸儒诚有愧焉；至于堂堂之阵，正正之旗，风雨云雷交发而并至，龙蛇虎豹变见而出没，推倒一世之智勇，开拓万古之心胸，自谓差有一日之长。"龙川为孝宗所信任，卒年五十五，谥文毅。

（三）叶适　适字正则，号水心，永嘉人。举进士，卒谥忠定。所著有《水心文集》、《习学记言》、《拾遗别集》等。全祖望说道："永嘉功利之说，至水心始一洗之，然水心天资高放，言砭古人多过情。"水心批评古人，比较象山批评伊川尤甚，从曾子子思起皆不免。南宋学术界，本分朱陆两派，水心自成一家，势成鼎足，他善于讥评古今学术得失，更能考论古书正伪和道统之辨，说孔子道统，曾子不得其传，显然和程朱相反。又因当时性理太极诸说出于《系辞》，而《系辞》不全是孔子所作，疑周张二程的学问近释氏。又疑《中庸》非子思所独著，其他如疑管子，诋老子，疑左氏《国语》，非刘向《五行传》，对于百家著作批评，无所不至。

第十二节　朱学后继

嘉定以后，私淑朱学的有魏鹤山和真西山，今合记二人如下。

（一）魏了翁　了翁号鹤山，邛州人。举进士，官至礼部尚书，卒赠太师，谥文靖。所著有《九经要义》、《鹤山全集》、《经外杂钞》、《古今考》等。鹤山与晦庵门人辅汉卿为友，因此深通义理之学。

鹤山亦主张绝对唯心论，说道："心者人之太极，而人心又为天地之太极。以立两仪，以命万物，不越诸此。"这和邵康节的先天学心法、杨慈湖《己易》相同。又说道："古人位天地，育万物，把做己职事。天地是我去做，五行五气，都在我一念宣节之；后世人自人，天自天，失其人之职。"又论欲，说道："圣贤言寡欲矣，未尝言无欲也，所谓欲仁、欲立、欲达、欲善，莫非使人即欲以求诸道。至于富贵所欲也，有不可处，己所不欲，有不可施；则又使人即其不欲以求诸非道。岁积月累，必至于从心所欲而不逾矩，然后为之……今日自寡欲以至无欲，不其戾乎！""性不能无感，性之欲也；知诱物化，则为私欲；故圣人虽使人即欲以求道，而于季康子于由、求，于申枨，曷尝以其欲为可乎？胡仁仲之言曰：'天理人欲，同行异情。'以此求之，则养心之说备矣。"鹤山学说，可见一斑。

（二）真德秀　德秀号西山，建州人。举进士，官至礼部侍郎，卒年五十八，谥文忠。所著有《文集》、《读书记》、《四书集论》、《文章正宗》、《大学衍义》、《西山甲乙稿》、《对越甲乙集》、《经筵讲义》、《西山政训》等。

或问《大学》"只说格物不说穷理",他说道:"器者有形之物也,道者无形之理也,明道先生曰:'道即器,器即道,两者未尝相离。'盖凡天下之物,有形有象者,皆器也,其理便在其中。……天下未尝有无理之器,无理之器,即器以求之,而理在其中。如即天地,则有健顺之理;即形体,则有性情之理;精粗本末,初不相离,若舍器而求理,未有不蹈于空虚之见,非吾儒之实学也。所以《大学》教人以格物致知,盖即物而理在焉;庶几学者有著实用力之地,不至驰心于虚无之境也。"从这方面看西山,完全墨守晦庵思想。此外解释仁为生意,敬为主一无适,皆本程子学说。又以理解释太极,以形气解释阴阳,亦不出晦庵范围,未见西山有所发明。

第二章　元代理学

元本蒙古族，代宋而有天下。在宋理宗时，元中书行省杨惟中，建太极书院于燕京，延赵复为师，当时周敦颐的《太极图说》尚未至河朔，惟中用师蜀汉，始得名士数十人，始知道学。于是搜集伊洛之书，载至燕京。及师还，乃建周子祠，以二程张杨游朱六子配飨，河朔由是知道学。兹将当时硕学者列下。

（一）许衡　衡字仲平，号鲁斋，河内人。七岁入学，授章句，问他师，为什么读书？师告他道："为取科第而已。"鲁斋道："如斯而已乎？"师每授书，必问书的旨义，师不能答而去，连更三师，继访姚枢于苏门（枢师赵复），得伊洛新安遗书。鲁斋道："今始得进学之序。"元世祖时至京师，授国子祭酒，至元二年，上书说"立国之规模"。至元十八年卒，年七十三，赠司徒，谥文正。曾说道："纲常不可亡于天下，苟在上者无以任之，则在下之任也。"所著有《鲁斋心法》、《鲁斋全书》。学者称为鲁斋先生。

鲁斋所著心法一书，注重在心，说道："人心虚灵，无槁木死灰之理。"又说道："天地间须大著，心不可拘于气质，局于一己。"他的勇往无前情状，可以想见。又说道："凡事理之际有两件，有由自己底，有不由自己底；由自己底有义在，不由自己底有命在。"义与命截然为二，可谓彻底。又说道："其所以然与其所当然，此说个理字。所以然者，是本原也；所当然者，是末流也。所以然者，是命也；所当然者，是义也。每一事，每一物，须有所以然与所当然。"这真是修身的格言。又说道："凡事一一省察，不要逐物去了，虽在千万人中，常知有己，此持敬大略也。"他说到持敬工夫尤妙。

（二）刘因　因字梦吉，号静修，雄州容城人。初学训诂疏释，每叹道："圣人精义殆不止此。"后就赵复得周程张邵朱吕之书，大喜。又说道："吾故为当有是也。"元至元十九年，诏征为右赞善大夫，以教近侍子弟，后因母病，辞职归，二十八年又召，不就。帝说道："殆所谓古之不召之臣欤？"三十年卒，年四十五，学者称为静修先生，所著有《静修文集》。

鲁斋和静修为元代学术界功臣，不过静修享年不久，不如鲁斋所及甚远，至他的志气高尚，尤超过鲁斋，当鲁斋应召时，静修说道："公一被命而起，无乃速乎？"鲁斋道："不如此则道不行。"后静修不应召，有人问他，说道："不如此则道不尊。"他们二人的情状可见一斑。静修曾说道："邵，至大也；周，至精也；程，至大也；朱子尽其大，尽其精，而贯之以正也。"可知静修虽宗周邵二程，然对于晦庵尤为倾倒。

（三）吴澄　澄字幼清，号草庐，抚州崇仁人。至大元年，召为国子监丞，辞去。英宗立，迁翰林院学士，进太中大夫。泰定元年，为经筵讲官。后卒，年八十五，谥文正，学者称为草庐先生。所著有《五经纂言》、《草庐精语》、《道德经注》及《文集》。

草庐说道："朱子以道问学为主，陆子以尊德性为主，然问学不本于德性，则其弊必偏于语言训释之末；故学必以德性为本，庶几得之。"他原是兼取朱陆而并行的。又说道："道之大原出于天，神圣继之；尧舜以上为道之元，尧舜以下为道之亨，洙泗鲁邹为利，濂洛关闽为贞。分而言之，上古羲皇为元，尧舜为亨，禹汤为利，文武周公为贞。中古仲尼为元，颜曾为亨，子思为利，孟子为贞。近古周子为元，程张为亨，朱子为利，孰为今日之贞？"这就是受邵氏思想形式的。不过他的学问，大抵出于晦庵。他说道："闻见虽得于外，而所闻所见之理，则见于心。故外之物格，则内之知致；此儒者内外合一之学，固非如记诵之徒博览于外，而无得于内。"这可说是朱陆折中论。又说道："知者心之灵，而智之用也，未有出于德性之外者。"他的思想似已出乎程朱以外。他说理气亦颇精密，他不以理气为二元，他以理为在气的中间。说道："自未有天地之前，至既有天地之后，只是阴阳二气而已。本只是一气，分而言之，则曰阴阳；又就阴阳中细分之，则为五行。五行即二气，二气即一气。气之所以能如此者，何也？以理为之主宰也。理者非别有一物，在气中只是为之主宰者，即是无理外之气，亦无气外之理。人得天地之气而成形，有此气即有此理。所有之理谓之性，此理在天地，则元亨利贞是也；其在人而为性，则仁义礼智是也；性即天理，岂有不善。"不过理为什么是善的？他却未曾说明。他又说人性善恶，是因气的清浊关系。"气质虽有不同，而本性之善则一；但气质不清不美者，其本性不免污坏，故学者当用反之之功。反之，'如汤武反之也'。……故曰：善反之，则天地之性存焉"这话和晦庵相同。又说："仁，人心也，敬则存，不敬则亡。"可知他的学问以程朱为主，他又将理气和老子的有无比较，说道："其无字是说理字，有字是说气字。"

这话亦颇有研究。

（四）赵偕　偕字子永，号宝峰，慈溪人。学者称宝峰先生。志尚敦厚，不好矫饰，得慈湖书读后，见森罗万象，浑为一体，说道："道在是矣。"乃信三代之治可复，百家之说可一，遂隐于大宝山下，为宋遗民，义不仕元。遗文有《宝云堂集》，因遭兵火不完全。他的学尚静坐，说道："凡除合应用之事外，必入斋庄之所静坐。""凡得此道融化之后，不可放逸，所宝者，清泰之妙，犹恐散失，宜静坐以安之。""凡日夜静坐之后，若即寝席，无非此道，若非此道，不即寝席，庶不失虽寝而不寝之妙。""凡行住坐卧，虽未能精一，亦必有事焉；虽应酬交错之间，未能无间断，无忘可也。""人无固必自然安，有意于安便不安。人无动静自然闲，有意于闲便不闲。"他颇近禅学，因他崇拜慈湖，所以不免有此余习，不过他的行为颇可称道。

（五）郑玉　玉字子美，号师山，徽州歙县人。元至正十四年，帝除以翰林待制奉议大夫，辞而不起，居家著书以为业。所著有《周易纂注》。十七年明兵入徽州被困，亲友有赠遗，从容尽欢，告以必死，因不事二姓，故妻从而死。师山悦，翌日具衣冠，北面再拜，自缢而卒。

师山是调停朱陆学说的一人，说道："陆子之质高明，故好简易；朱子之质笃实，故好邃密；各因其质之所近，故所入之途不同。及其至也，仁义道德，岂有不同者，同尊周孔，同排佛老，大本达道，岂有不同者。后之学者，不求其所以同，惟求其所以异。江东之指江西，则曰：此怪道之行也。江西之指江东，则曰：此支离之说也。此岂善学者哉？朱子之说，教人为学之常也；陆子之说，才高独得之妙也；二家之说，又各不能无弊。陆氏之学，其流弊也，如释子之谈空说妙，工于卤莽灭裂，而不能尽夫致知之功；朱子之学，其流弊也，如俗儒之寻行数墨，至于颓惰委靡，而无以收其力行之效；然岂二先生垂教之罪哉？盖学者之流弊耳。"这话最正当，吴草庐亦曾说过："朱陆二师之为教一也，而二家庸劣门人各立标榜，互相诋訾，至于今学者犹惑。呜呼！甚矣！道之无传，而人之易惑难晓也。"这话可作参考。

师山又将《太极图说》和《西铭》比较，说道："《太极图说》，其斯道之本源与？《太极》之说，是即理以明气；《西铭》之作，是即气以明理。太极之生阴阳，阴阳之生五行，岂有理外之气；天地之塞吾其体，天地之帅吾其性，岂有气外之理。天地之大，人物之繁，孰能出于理气之外哉？二书之言虽约，而天地万物无不备矣。"这非研究周张书者不能说。

师山又论古今学术得失，说道："程子曰：'敬者圣学之所成始成终。'秦汉以来，非无学者，而曰孟轲死千载无真儒，何也？不知用力于此，而溺于训诂词章之习，故虽专门名家，而不足以为学；皓首穷经，而不足以知道；儒者之罪人耳。近世学者，忠恕之旨，不待呼而后唯；性与天道，岂必老而始闻；然出口入耳，其弊益甚，则又秦汉以来诸儒之罪人矣。"又说道："斯道之懿，不在言语文字之间，而具于性分之内；不在高虚广远之际，而行乎日用常行之中；以此穷理，以此淑身，以此治民，以此觉后，庶乎无愧于古人矣。"他的说话很切实平易，不可多得。

第三章　明代理学

元末，宋儒末流散居各处，教授门人。至明崛起，方正学以一世硕学，号称程朱再出，然因靖难兵起，杀身成仁，致所学不传。其先有刘基，崇奉朱学，所著有《郁离子》、《搜集杂说》，明洪武八年卒。而清代大儒黄梨洲所著《明儒学案》，分别流派，为崇仁、白沙、河东、三原、姚江、浙中王门、江右王门、南中王门、楚中王门、粤闽王门、止修、泰州、甘泉诸儒，东林、蕺山诸学案；且说道："有明文章事功皆不及前代，独于理学前代之所不及也。牛毛茧丝，无不辨晰，真能发先儒之未发，程朱之辟释氏，其说虽繁，总是只在迹上，其弥近理而乱真者，终是指他不出，明儒于毫厘之际，使无遁影。"梨洲出于王学，所以推重王门尤甚。

第一节　守仁以前的明儒

（一）吴与弼　与弼，字子傅，号康斋，抚州崇仁人。十九岁赴京师，从洗马杨文定学，读《伊洛渊源录》，遂有志于道，见程伯淳《见猎心喜记》，知圣贤和常人相同，何至不可学；读《四书》、《五经》、《诸儒语录》，体贴身心，如是者有年。父命还乡，在长江遇风，舟将覆，康斋正襟危坐，说道："守正以俟而已。"陈白沙来学，东窗仅白，康斋自簸谷，白沙未起，康斋大声说道："秀才若为懒惰，他日何由到伊川门下，并何由到孟子门下。"天顺初，英宗召不至，成化五年卒，年七十九。

康斋之学，全本程朱，说道："圣贤所言，无非存天理去人欲，圣贤所行亦然。学圣贤者舍是何以哉？"又说涵养之道："食后坐东窗，四体舒泰，神气清明，读书愈有进益；数日趣同，此必又透一关矣。"又说学者亲切工夫："澹如秋水贫中味，和似春风静后功。"又说道："寝起读书柳阴及东窗，皆有妙趣。"这可见他的胸怀潇洒。又说道："大抵学者践履工夫，从至难至危处试验过，方始无往不利；若舍至难至危，其他践履不足道也。"这种小心翼翼的工夫，亦是从宋儒得来的。

（二）薛瑄　瑄字德温，号敬轩，山西河津人。幼时聪颖，后习濂洛诸书，叹道："此学问正路也。"遂尽弃旧学。成祖时举进士，后为监察御史，手录《性理大全》，遇有心得，即札记。出为山东提学佥事，先力行而后文艺。后为礼部右侍郎兼翰林学士，未几致仕家居，门人甚众。著有《诗文集读书录》等。

敬轩论为学之要，说道："为学之要，莫切于动静，动静合宜者，便是天理；不合宜者，便是人欲。"又说道："人心一息之顷，不在天理，便在人欲，未有不在天理人欲而中立者也。"又说道："二十年治一怒字，尚未消磨得尽，以是知克己最难。"又说道："主静以立其本，慎动以审其几。"又说道："不能克己者，志不胜气也。"又说道："居敬有力，则穷理愈精；穷理有得，则居敬愈固。"又说道："工夫切要，在夙夜饮食男女衣服动静语默应事接物之间，于此事事皆合天则，则不外是矣。"

（三）胡居仁　居仁，字叔心，号敬斋，饶余干人。弱冠从学于吴康斋。筑室梅溪山中，除讲学外不干人事，历游四方，归与乡人娄一斋、罗一峰、张东白等在弋阳龟峰余干应天寺开学会，名高一时。持身极严，每日立课程，详书得失，虽器物之微，区别精密，终身不乱。后卒，年五十一。

敬斋学说，不离程朱，然持论亦甚严，他驳罗仲素、李延平说道："罗仲素、李延平教学者静坐中看喜怒哀乐未发以前气象，此便差，却既是未发，如何看得？只存养便是。"又驳吕与叔、苏季明说道："吕与叔、苏季明求中于喜怒哀乐未发之前，程子非之；朱子以为即已发之际，默识其未发之前者则可。愚谓若求未发之中，看未发气象，则动静乖违，反致理势危急，无从容涵泳意味。"又驳程子说道："遗书言：'释氏有敬以直内，无义以方外。'又言：'释氏内外之道不备。'盖体用无二理，内外非二致，岂有能直内而不能方外，体立而用不行者乎？敬则中有主，释氏中无主，谓之敬可乎？"不过程子亦说过："惟患不能直内，内直则外必方。"不知前说有无差误。

（四）陈献章　白沙，名献章，字公甫，新会白沙里人。幼颖悟，尝读《孟子》，以天民先觉自期，受学于康斋。成化二年游大学，祭酒邢让试和杨龟山"此日不再得"诗，见白沙作大惊，以为真儒复出，名声大振。官至翰林院检讨，后卒，年七十三。

有明学问到白沙，始入于精微，惟在宋学中稍倾向于象山。白沙曾说道："人所以学者，欲闻道也；求之书籍而弗得，则求之吾心可也。"又说道："人心上容留一物不得，才著一物则有碍；且如功业要做固是美事，若心心念念，只在功业上，此心便不广大，便是有累之心。是以圣贤之心，廓然若无感而后应，不感则不应。又不特圣贤如此，人心本体皆一般，只要养之以静，便自开大。"这话颇似禅家。

第二节　王守仁

王守仁字伯安，余姚人，学者称为阳明先生。成化年举进士，授修撰，官至吏部尚书。武宗初，刘瑾用事，阳明因救朝臣，廷杖四十，谪龙场驿丞，穷荒无书，日绎旧闻，忽悟格物致知，当自求诸心，不当求诸事物。叹道："道在是矣。"遂笃信不疑。著《五经臆说》，又为人说知行合一旨。后宁王宸濠反，守仁起兵讨平，以功封新建伯，卒年五十七。所著有《诗文集》、《五经臆说》、《古本大学旁释》、《朱子晚年定论》和门人所记《传习录》等。他的好友湛甘泉为作墓志，说道："先生初溺于任侠之习，再溺于骑射之习，三溺于词章之习，四溺于神仙之习，五溺于佛氏之习，正德丙寅始归正于圣贤之学。"阳明以"心即理"、

"知行合一"、"致良知"三者教人，说道："宋周、程二学后，惟象山陆氏简易直捷，有以接孟氏之传。而《朱子集注》《或问》之类，乃中年未定之说。"学者很佩服他。兹将阳明的学说录下。

（一）心即理说　"心即理"说，本是象山所创的。阳明承象山的学说，故陆王同为心学。阳明曾序象山《文集》，说道："析心与理为二，而精一之学亡。世儒之支离外索刑名器数之末，以求明其所谓物理者，而不知吾心即物理，初无假于外也。佛老之空虚，遗弃其人伦事物之常，以求明其所谓吾心者，而不知物理即吾心，不可得而遗也。"这就是阳明推尊象山，而阴讽晦庵学派的支离，和佛老二字的空虚。又说道："心外无理，心外无事。""夫物理不外于吾心，外吾心而求物理，无物理矣。遗物理而求吾心，吾心又何物耶！"陆王"心即理"说，和晦庵"即物穷理"说，根本不相容，晦庵分心和理为二，阳明合心和理为一，说道："朱子所谓格物云者，在即物而穷其理也；即物穷理，是就事事物物上，求其所谓定理者也。是以吾心而求理于事事物物之中，析心与理为二矣。"又说道："夫外心以求物理，是以有暗而不达之处，此告子义外之说，孟子所以谓之不知义也。心一而已，以其全体恻怛而言，谓之仁；以其得宜而言，谓之义；以其条理而言，谓之理；不可外心以求仁，不可外心以求义，独可外心以求理乎？外心以求理，此知行之所以二也；求理于吾心，此圣门知行合一教。"以上为阳明心即理的学说，当与象山学说参看。

（二）知行合一说　象山未曾讲过"知行合一"学说，程伊川曾微引其端绪，而适所以促成阳明的学说。今述阳明和伊川象山二人的关系，表示如下。

```
       ⎧ 人心
伊川 ⎨
       ⎩ 道心——知行合一论——  ⎫
   象山—————心即理———  ⎬ 阳明学
                              ⎭
```

伊川的知行合一论，尚未能大放光彩，因伊川将人心和道心对立，不免有支离的倾向。象山虽未曾说过"知行合一"的话，然以心即理为学问的第一义，简易直截，能继承圣门正统而有余。阳明集程陆的大成，遂成为阳明学。

伊川说道："知至则当至之，知终则当遂终之，须以知为本。知之深则行之必至，无有知之而不能行者。知而不能行，只是知得浅；虽饥不食乌喙，人不蹈水火，只是知也；人为不善，只是不知。"

阳明的知行合一说，他主眼在人事，并非说自然，如政治道德等一切人事，知其善即行，知其恶即去，知和行不可须臾离，就是真知。说道："知是行的主意，行是知的工夫；知是行之始，行是知之成。若会得时，只说一个知，已自有行在；只说一个行，已自有知在。"又说道："未有知而不行者，知而不行，只是未知。"又说道："大学言：'如好好色，如恶恶臭。'见好色属知，好好色属行，只是那好色时已自好了，不是见了后，又立个心去好。闻恶臭属知，恶恶臭属行，只闻那恶臭时已自恶了，不是闻了后，别立个心去恶。""如称某人知孝，某人知弟，必是其人已曾行孝行弟，方可称他知孝知弟。不成只是晓得说些孝弟的话，便可称为知孝弟。又如知痛必已自痛了方知痛，知寒必已自寒了，知饥必已自饥了，知行如何分得开。""今人却就将知行分作两件去做，以为必先知了然后能行，我如今且去讲习讨论做知的工夫，待知得真了，方去做行的工夫，故遂终身不行，亦遂终身不知。""夫人必有欲食之心，然后知食，欲食之心即是意，即是行之始矣。食味之美恶，必待入口而后知；岂有不待入口，而已先知食味之美恶者耶？必有欲行之心，然后知路，欲行之心即是意，即是行之始矣。路歧之险夷，必待身亲履历而后知；岂有不待身亲履历，而已先知路歧之险夷者耶？知汤乃饮，知衣乃服，以此例之，皆无可疑。""知之真切笃实处即是行，行之明觉精察处只是知。知行工夫，本不可离，只为后世学者分作两截用功，失却知行本体，故有合一并进之说。真知即所以为行，不行不足谓之知。"

（三）致良知说　致知见《大学》，良知见《孟子》，本来是两起的，为什么阳明拉在一起说？标出致良知三字，做学问的头脑，致知的实功。因为阳明三十七岁春间，忽悟格物致知，当求诸心。五十岁时，方才揭出致良知三字教人。他说道："知是心之本体，心自然会知，见父自然知孝，见兄自然知弟，见孺子入井自然知恻隐，此便是良知，不假外求。若良知之发，更无私意障碍，即所谓'充其恻隐之心，而仁不可胜用矣'。然在常人，不能无私意障碍，所以须用致知格物之功，胜私复礼，即心之良知，更无障碍，得以充塞流行，便是致其知，知致则意诚。""夫子谓子贡曰：'赐也汝以予为多学而识之者欤？非也，予一以贯之。'使诚在于多学而识，则夫子胡乃谬为是说，以欺子贡者耶？一以贯之，非致其良知而何？""良知本来自明。气质不美者，查滓多，障蔽厚，不易开明。质美者，查滓原少，无多障蔽，略加致知之功，此良知便自莹澈。些少查滓，如汤中沃雪，如何能作障蔽。""良知不由见闻而有，而见闻莫非良知之用。故良知不滞于见闻，而亦不离于见闻。孔子曰：'吾有知乎哉？无知也。'良知之外，别无知矣。故致良知,是学问大头脑,是圣人教人第一义。""孟子言:'必有事焉。'则君子之学,终身只是集义一事。义者,宜也,心得其宜之谓义;能致良知,则心得其宜矣,故集义亦只是致良知。君子之酬酢万变,当行则行,当止则止,当生则生,当死则死,斟酌调停,无非是致其良知,以求自慊而已。故君子'素其位而行','思不出其位',凡谋其力之所不及,而强其知之所不能者,皆不得为致良知。而凡'劳其筋骨,饿其体肤,空乏其身,行拂乱其所为,动心忍性,以增益其所不能'者,皆所以致其良知也。""良知之在人心,无间于圣愚,天下古今之所同也。世之君子,惟务致其良知,则自能公是非,同好恶,视人犹己,视国犹家,而以天地万物为一体,求天下无事不可得矣。尧舜三王之圣,言而民莫不信者,致其良知而言之也;行而民莫不说者,致其良知而行之也。是以其民熙熙皞皞,杀之不怨,利之不庸。……为其良知之同也。""良知只是一个天理,自然明觉发见处,只是一个真诚恻怛,便是他本体。故致此良知之真诚恻怛以事亲,便是孝;致此良知之真诚恻怛以从兄,便是弟;致此良知之真诚恻怛以事君,便是忠。""我辈致知,只是各随分限所及。今日良知见在如此,只随今日所知扩充到底;明日良知又有开悟,便从明日所知扩充到底,如此方是精一工夫。""不睹不闻,是良知本体。戒慎恐惧,是致良知工夫。""夫良知者,即所谓'是非之心,人皆有之',不待学而有,不待虑而得者也。人孰无是良知乎?独有不能致之耳。……是良知也者,是所谓天下之大本也。致是良知而行,则所谓天下之达道也。天地以位,万物以育,将富贵、贫贱、患难、夷狄,无所入而弗自得也矣。""孟子云:'是非之心,知也。''是非之心,人皆有之'。即所谓良知也。

孰无是良知乎？但不能致之耳。""良知良能，愚夫愚妇与圣人同。但惟圣人能致其良知，而愚夫愚妇不能致，此圣愚之所由分也。"

（四）格物致知说　阳明在龙场时，忽悟格物致知，当求诸心。于是将程朱即物穷理旧说，完全打破，一方为吾国理学界开新纪元。他说道："'尽心知性知天'，是'生知安行'事。'存心养性事天'，是'学知利行'事。'妖寿不贰修身以俟'，是'困知勉行'事。朱子错训格物，只为倒看了此意。以'尽心知性'为'物格知至'，要初学便去做'生知安行'事，如何做得。""身之主宰便是心，心之所发便是意，意之本体便是知，意之所在便是物。如意在于事亲，即事亲便是一物。意在于事君，即事君便是一物。意在于仁民、爱物，即仁民爱物便是一物。意在于视、听、言、动，即视、听、言、动便是一物。所以某说'无心外之理，无心外之物'。《中庸》言'不诚无物'。《大学》'明明德'之功，只是个'诚意'。'诚意'之功，只是个'格物'。""格物，如《孟子》'大人格君心'之格，是去其心之不正，以全其本体之心。但意念所在，即要去其不正，以全其正。即无时无处不是存天理，即是穷理。天理即是明德，穷理即是'明明德'。""格者正也，正其不正，以归于正也。""朱子所谓格物云者，'在即物而穷其理'也。'即物穷理'，是就事事物物上求其所谓定理者也。是以吾心而求理于事事物物之中，析心与理而为二矣。……若我所谓'致知格物'者，致吾心之良知于事事物物也。吾心之良知，即所谓天理也。致吾心良知之天理于事事物物，则事事物物皆得其理矣。致吾心良知者，致知也。事事物物皆得其理者，格物也。是合心与理而为一者也。""夫正心，诚意、致知、格物皆所以修身。而格物者，其所用力非可见之地。故格物者，格其心之物也，格其意之物也，格其知之物也。正心者，正其物之心也。诚意者，诚其物之意也。致知者，致其物之知也。此岂有内外彼此之分哉？""先儒解格物，为格天下之物，天下之物，如何格得？且谓一草一木，亦皆有理，今如何去格？纵格得草木来，如何反来诚得自家意？我解格作正字义，物作事字义。"

阳明学说，甚为丰富。除上述外，尚有仁说、性说、亲民说、诚意说、克己说、立志说、存天理去人欲说、训蒙说、辟老佛说，确是有明一大理学家。可惜吾国学者从来未能切实奉行，反被日本利用王学致明治维新，大功告成，岂真"迁地为良，借才异地么"？

第三节　守仁同时的学说

（一）湛若水　若水字元明，号甘泉，广东增城人。从陈白沙游，弘治间进士，官至南京礼、吏、兵三部尚书。卒年九十五。当时学者除王门外，要算他门下。他的学说和阳明稍有出入，阳明主张致良知，他主张随处体认天理。他说道："阳明训格为正，训物为念头，格物，是正念头也。苟不加学问思辨行之功，则念头之正否未可据。"又说道："谨独格物，其实一也。格物者，至其理也。学问思辨行，所以至之也，是谓以身至之也。所谓穷理者如是也。近而心身，远而天下，暂而一日，久而一世，只是格物一事而已。格物云者,体认天理而存之也。"又说道:"格者,至也。物者,天理也。格即造诣之义,格物者,即造道也。知行并进,学问思辨行,皆所以造道也。故读书、亲师友、酬应,随时随事,皆求体认天理而涵养之,无非造道之功。诚、正、修功夫,皆于格物上用,家、国、天下,皆即此扩充,无两段工夫,此即所谓止至善。"又说道:"人心与天地万物为体。体物而不遗,认得心体广大,则物不能外矣,故格物非在外也。格之致之,心又非在外也。"甘泉和阳明虽意见不同,然在当时,亦能独树一帜的。

（二）罗钦顺　钦顺号整庵,字允升,吉泰和人。弘治间进士,官至南京吏部尚书。卒谥文庄。整庵的功夫,初由禅入,后归于儒。所著有《困知记》、《整庵存稿》。整庵曾说道:"自夫子赞《易》,始以穷理而言,理果何物也哉？盖通天地,亘古今,无非一气而已。气本一也,而一动一静,一往一来,一阖一辟,一升一降,循环无已,积微而著,由著复微,为四时之温凉寒暑,为万物之生长收藏,为斯民之日用彝伦,为人事之成败得失,千条万绪,纷纭樛轕,而卒不克乱,有莫知其所以然而然,是即所谓理也。初非别有一物,依于气而立,附于气以行也。"理气一元论,自程明道始,伊川、晦庵分作二元,不免支离之病,象山、阳明虽主张一元,不过言理不言气。整庵独能辟明明道所心得,确是不容易的。

第四节　王子门人

阳明讲学，由近及远，起初仅限于乡里间，如徐曰仁、蔡希渊、朱守中等是，阳明颇看重他们。自谪龙场后，四方来受业的更多。至明末他的学问遍天下，黄梨洲作《明儒学案》，述王学诸子，分地域为浙中、江右、南中、楚中、北方、粤闽、泰州等七派。浙中派著名的，如钱绪山、王龙溪等。江右派著名的，如邹东廓、罗念庵、刘两峰、聂双江等。南中派著名的，如王心斋、黄五岳、朱得之、戚南元、周道通、冯南江等。楚中派著名的，如耿天台等。北方派著名的，如穆元庵、王纯甫、张宏山、孟我疆、尤西川、孟云浦、杨晋庵、南瑞泉等。粤闽派著名的，如方西樵等。泰州派著名的，由王心斋传下。清初治王学的，多出刘念台门下，以黄梨洲、李二曲、孙夏峰、刘伯绳、汤潜庵等为最著名。现把对于王学最有关系的记下。

（一）徐爱　爱字曰仁，号横山，余姚人，于阳明为内兄弟。横山称弟子，较他人独早。横山起初对于阳明教学颇怀疑，后渐觉悟，为笃信王学的第一人。阳明说道："曰仁吾之颜渊也。"惜早卒。

（二）王艮　艮字汝止，号心斋，扬州人。他以振兴王学为己任。卒年五十八，著作有《心斋全集》。他以《大学》为依据，以其他经传子史为参考。说道："格为格式之格，即絜矩之谓也。吾心一矩也。天下国家如一方形，矩正则方形亦正，故心正则天下国家亦正。方形正则格成，故曰物格。"

（三）王畿　畿字汝中，号龙溪，山阴人。弱冠来受业，资性明敏，长雄辩，后专心流传王学于吴楚闽越江浙间。卒年八十六，著有《龙溪全集》。说道："夫子立教随时，谓之权法，未可执定。体用显微，只是一机；心意知物，只是一事。若悟得心是无善无恶之心，意即是无善无恶之意，知即是无善无恶之知，物即是无善无恶之物。盖无心之心则藏密，无意之意则应圆，无知之知则体寂，无物之物则用神。天命之性，粹然至善，神感神应，其机自不容已。无善可应，恶固本无，善亦不可得而有也，是谓无善无恶……"后人称为他的四无教。他的说法高远，易流于禅，不免要受人讥评。

（四）钱德洪　德洪字洪甫，号绪山，余姚人。致仕后，在野三十年，日日讲学，卒年七十九。他和龙溪从阳明最久，他专从事物上磨炼，和龙溪从心体顿悟不同。顿悟近禅，所以后人往往赞成他，而不满意龙溪。

（五）邹守益　守益字谦之，号东廓，江西安福人。听阳明讲学有心得，说道："往吾疑程朱补《大学》先格物穷理，与《中庸》慎独不相蒙，今始知格物即慎独也。"遂称弟子。刻《阳明文录》，竭力宣传王学，为王门正派。

（六）薛侃　侃字尚谦，号中离，广东揭阳人。从阳明学后，讲学于罗浮山永福寺，所著有《研几录》。有人疑阳明类禅，（一）不主张研究书籍。（二）反背晦庵。（三）易蹈空虚。中离代为辩驳，笃信实践，不让他人。

（七）聂豹　豹字文蔚，号双江，永丰人。以御史按闽，过武林，见阳明大悦，说道："君子之所为，众人固不识也。"惟疑阳明接人太滥，阳明说道："吾讲学非蕲人之信己，行吾不得已之心而已。若畏人之不信，必择人而与之，是自丧其心也。"双江称服。

阳明征思田，双江问"勿助勿忘"功夫，阳明答书道："此间只说'必有事焉'，不说'勿助勿忘'，专言'勿助勿忘'，是钁空铛也。"阳明死，双江设位北面再拜，始称门生，以绪山为证。后双江立静坐法。

（八）魏良器　良器字师颜，号药湖，曾从阳明学。时王龙溪落拓非常，见学者辄诽诮，药湖多方诱致，使他见阳明称弟子。钱绪山临事迟滞，药湖警戒他道："心何不洒脱！"龙溪工夫懒散，药湖亦警戒他道："心何不严栗！"对朋友不姑息，兄良弼、良政，并事阳明。

（九）张元冲　元冲字叔谦，号浮峰，山阴人。阳明曾称他"真切纯笃"。浮峰说道："孔子之道，一以贯之。孟子曰：'万物皆备于我矣。'良知之说，如是而已。"又说道："学者当先立志，不学为圣人，非志也。"

（十）胡瀚　瀚字川甫，号今山，余姚人。从阳明游，深信"致良知"之学。阳明授《传习录》，究意心学。阳明死后，龙溪、心斋、师泉、双江四家各立门户，议论纷纭，今山说道："汝中天泉证道，其说不无附会。汝止以自然为宗，君亮分别支离，文蔚偏向求寂，无立脚处。"他的学问，以求心为主，曾作《心箴图》。

（十一）刘邦采　邦采字君亮，号师泉，安福人。曾从阳明学，阳明死后，学者袭他口吻，致失真相。甚者以揣摩为妙悟，以纵恣为乐地，以情爱为仁，以因循为自然。师泉说道："人之生有性有命，性妙于无为，而命难于有质，故必兼修而后可以为学。"又说道："体用二者不可相离。"

（十二）杨东明　东明，号晋庵，河南虞城人。晋庵晚出，和耿天台讲论王学，当时有诋阳明语的，晋庵辄力辩，学说以气为主,说道:"气质之性四字,宋儒此论适得吾性之真体,非但补前辈之未发也。盖盈天地皆气质也,即天地亦气质也,五行亦阴阳也,阴阳亦太极也,太极固一气也,特未落于质耳。"

(十三)刘宗周 宗周字起东,号念台,山阴人。官至吏部左侍郎,卒年六十八。他的学问,虽亦出阳明绪余,然兼宗伊川、晦庵。他以慎独为宗,意极微妙,即屏居独处,一念萌起,他人未知,而己独知,即是独的解释。说道:"朱子于独字下补一知字,可谓扩前圣所未发,然专以属之动念边事何耶?岂静中无知乎?使知有间于动静,则不得谓之知矣。"又说道:"心无存亡,但离独位便是亡。"又说道:"独字是虚位,从性体看来,则曰'莫见莫显',是思虑未起,鬼神莫知也。从心体看来,则曰'十手十足',是思虑既起,吾心独知时也。然性体中即在心体中看出。"

有明一代,理学思想变迁,因前继宋学,而尤能发挥光大。譬如象山一派,在宋原不及濂洛关闽的发达,自阳明出而壁垒一新,嗣陆而才高于陆,从此程朱和陆王分为二大学派。

第四章　清代理学

清代理学，最为不振，当时的功令，虽仍注重宋学，然从顾亭林等注重实学，薄宋学为空谈，于是考证的学问，遂独绝千古。孔广森的对于《公羊》，顾栋高的对于《春秋》，陈奂的对于《诗经》，段玉裁的作《说文解字》，阮元的作《经籍纂诂》，郝氏的治《尔雅》，"元元本本，殚见洽闻"，有功经学实在不小。这就是视宋儒为不足道，因此复张汉代训诂学的旗帜。从前程朱陆王之争，今一变而为汉宋之争，虽李二曲作《四书反身录》，陆稼书、方望溪等亦崇奉宋学，然汉学终盛极一时。至崇奉王学的，大都出自蕺山，不过他的门人，亦大都治程朱学，而尊程朱以攻阳明的，以陆稼书徒为最甚，亦有调和两派的，为夏峰、潜庵，至亭林、梨洲，一则致力于朱学，一则致力于王学，惟颜习斋学问独能卓然自立，既不沾沾于朱王，亦不孜孜于汉宋，孟子所说"豪杰之士，虽无文王犹兴"，习斋可当之而无愧了。现将清儒列举于下。

（一）孙奇逢　奇逢字启泰，又字钟元，号夏峰，直隶容城人。因后来讲学苏门夏峰，所以学者称为夏峰先生。明万历末举于乡，在京师和左光斗、魏大中、周顺昌等以气节相友善。亲死，庐墓六年。家贫食不能常得，他说道："从忧患困郁中默识心性本原，生平得力实在此。"后左、魏、周因党狱为逆阉魏忠贤陷，夏峰力救不避。明清间先后荐征，均不就。后移家居苏门百泉，率子弟门生且学且耕。每清晨学静坐，虽疾不辍。有问必答，因人而施，无论上中下三等人，均同样诚意以待。所著有《理学宗传》等书。他的理学，起初宗象山、阳明，晚年参考晦庵之学，致力于慎独，并随处体认天理，说道："喜、怒、哀、乐中节，视、听、言、动合理，子、臣、弟、友尽分，乃终身行之不能尽者。"又说道："自七十以往，每阅十年功加密，惟独知之地，不敢自欺，无或懈而已。"他的《理学宗传》中，正宗如濂溪、明道、伊川、横渠、康节、晦庵、象山、敬轩、阳明、念庵、泾阳等，而仲舒以下至明末诸儒谨慎小心的为其次，横浦、慈湖等混合禅学又其次，议论最为平允。迥非抱门户见者可比。

（二）黄宗羲　宗羲字太冲，号梨洲，余姚人。父遭逆阉忠贤害死，因袖长锥到京以报父仇，适逆阉已谴，乃锥死狱卒等回乡。师事刘念台，专致力于学问。明末纠合志士，抵抗清师。后尽力著作，从游者数百人。尝说道："学者必先穷经，经术所以经世，乃不为迂儒。"又说道："读书不多，无以证斯理之变；读书多而不求于心，则又为伪儒矣。"有人说："梨洲之学，以濂洛之统，综会诸家，横渠之礼教，康节之象数，东莱之文献，艮斋止斋之经术，水心之文章，莫不旁推交通，自来儒林所未有也。"他不赴清召，所著有《宋元儒学案》、《明儒学案》、《易象数论》、《南雷文定》、《南雷文约》、《明夷待访录》等。他所主为阳明学，而归本于慎独。致良知当从慎独入手，故所作《明儒学案》，特推重阳明。不过他主张学问要能实践，不尚空谈。所以对于王学末流的援儒入禅，他非常反对。此外《明夷待访录》的《原君》、

《原臣》篇，能发前人所未敢发，为排除专制改行宪政的先声，实属难得。

（三）顾炎武　炎武字宁人，号亭林。专讲求明体达用经世济人的学问。明末纠合志士抵抗清师，和梨洲同。母因国亡，不食死。亭林刻苦学问，并游历西北诸边，十余年后，居华阴，不应清召。所著有《日知录》等。

亭林崇拜程朱的理学，他所定为学的大要，就是"行己有耻"，"博学于文"。怎样叫做"行己有耻"？就是关于出入往来辞受取与，皆当有耻。怎样叫做"博学于文"？就是自一身以至天下国家皆当学习。孟子说得好："万物皆备于我矣。"这意思完全相同。他与友人书说道："窃以为圣人之道，下学上达之方，其行在孝弟忠信，其职在洒扫应对进退，其文在《诗》、《书》、三《礼》、《周易》、《春秋》，其用之身，在出处辞受取与，其施之天下，在政令教化刑法，其所著之书，皆以拨乱反正移风易俗，以驯至乎治平之用。而无益者不谈，一切诗赋铭颂赞诔序记之文，皆谓之巧言，而不以措笔。其于世儒尽性至命之说，必归之有物有则五行五事之常，而不入于空虚之论。仆之所以为学者如此。"亭林的志愿可窥见一斑了。

（四）李颙　颙字中孚，号二曲，西安盩厔人。家贫借书读，无所不学。后南下讲学，从者如归市。清召不应，所著有《四书反身录》，和夏峰、梨洲并称三大儒。门人集二曲的遗书，为《二曲集》二十二卷。二曲尝因心体论《易》，说道："求'易'于《易》，不若求'易'于己。人当未与物接，一念不起，即此便是'无极而太极'。及事至念起，惺惺处，即此便是'太极之动而阳'。一念知敛处，即此便是'太极之静而阴'。无时无刻，而不以去欲存理为务。即此便是'天行健，君子以自强不息'。人欲净尽而天理流行，即此便是'《乾》之刚健中正纯粹精'。希颜之愚，效曾之鲁，敛华就实，一味韬晦，即此便是'归藏于《坤》'。亲师取友，丽泽求益；见善则迁，如风之疾；有过则改，如雷之勇；时止则止，时行则行；见可而进，知难而退；动静不失，继明以照四方；则《兑》《巽》《震》《艮》《坎》《离》——在己，而不在《易》矣。"又说道："是故天下治乱视人心，人心邪正视学术，凡学在反身，道在守约，功在悔过自新，而必自静坐观心始。静坐乃能知过，知过乃能悔，悔乃能自新。"可知二曲的学问，是从心学入手。

（五）陆世仪　世仪字道威，号桴亭，太仓人。喜研究理学，明亡后，清召不应，遂隐居讲学。因他师事念台，故虽系出阳明，而仍宗程朱。所著有《思辨录》，从《小学》、《大学》居敬存诚圣经八条目起，及其他人事天道诸子百家无不研究。他作《太极图说》，确有见地。说道："太极二字，原本《系辞》，不过祖述孔子之旧。至于主静立人极，人极二字，则自周子开辟出来；后半'惟人也得其秀而最灵'一段，都是说人极。人极与太极句句相对，则知人身与天地处处相合，绝非矫揉造作。"这和《中庸》"天命之谓性，率性之谓道"，《孟子》"存心养性所以事天"完全相同。所以他论性，主张性不能离气质，离了气质，就要离了天地，因为离了天地，就是在阴阳以外另去寻太极，那末太极落在空虚了。他的至理名言，着实不少。

（六）汤斌　斌字孔伯，号荆岘，又号潜庵，河南睢州人。顺治间进士，官至工部尚书，后赐谥文正。曾师事夏峰。理学能不偏不倚，深得伊川、晦庵、象山、阳明的长处。他对清圣祖说道：

"守仁致良知之说，与朱子不相刺谬。"又《答陆稼书书》说道："姚江之学，嘉隆以来，几遍天下，近年有一二巨公倡言排之，不遗余力。姚江之学遂衰，可谓有功于程朱矣。仆之不敢诋斥姚江者，非笃信姚江之学也，非笃长厚之誉也。以为欲明程朱之道者，当心程朱之心，学程朱之学；穷理必极其精，居敬必极其至；喜怒哀乐，必求中节；视听言动，必求合礼；子臣弟友，必求尽分；久之人心感孚，声应自众；即笃信阳明者，亦晓然知圣学之有真也，而翻然从之。"他说："心程朱之心，学程朱之学，穷理居敬，必极精至"，这和阳明知行合一有甚么分别呢？

（七）陆陇其　陇其字稼书，平湖人。康熙间进士，曾为县令，政绩颇善，官至监察御史，后赐谥清献。所著有《学术辨》、《三鱼堂集》、《媵言》、《松阳讲义》、《读朱随笔》等。曾说道："尝谓圣门之学，虽一以贯之，未有不从多闻多见入者，欲求圣学，断不舍经史。"又说道："今之学者无他，亦宗朱子而已。宗朱子为正学，不宗朱子为非正学。"他论阳明，说道："学者苟无格物穷理之功，而欲持此心之知觉，以自试于万变，其所见为是者果是，而非者果非乎？又况其心本以为人伦庶物，初无与于我，不得已而应之；以不得已而应之心，而处夫未尝穷究之事，其不至于颠倒错谬者几希！其倡之者虽不敢自居于禅，阴合而阳离；其继起者直以禅自任，不复有所忌惮。此阳明之学，所以为祸于天下也。"稼书确是晦庵的保障。不过说到阳明的心，"以为人伦庶物初无与于我，不得已而应之"，这未免太忽略了。试将阳明的著作，细细研究，就可以明白。

（八）颜元　元字浑然，号习斋，博野人。幼聪颖勤读，初崇奉陆王，继笃信程朱，后觉悟尧舜的大道，不外乎水、火、金、木、土、谷的六府，和正德、利用、厚生的三事。宋明诸儒讨论心性，或主学而不思，或主思而不学，都是错误的。他的著作，有《存性》、《存学》、《存治》、《存人》四编，他的《存性》说："以性之善，即在气质，别无所谓天地之性，孟子言性善，即是谓气质之善也。"《存学》说："以为古之学一，今之学棼；古之学实，今之学虚；古之学有用，今之学无用。"所以他教人学六艺，冠、昏、丧、祭，必遵古典，且备日记，以考德行。《存治》说："井田周官之制，可以斟酌而施之于今，庶可臻于上理也。"《存人》说："以为人生存一日，当为生平办事一日，不可不先自治。"故常习恭，习恭就是他的自治。他不为宋明诸儒所限，一意注力于六府、三事、六艺、四教等，专讲二帝三王的实用，不尚宋明二代的空谈，这是他的独到处。

（九）戴震　震字东原，休宁人。幼时读《大学章句》右经一章，便说晦庵所杜撰。读书必求其义，阅《说文解字》乃通，并通《十三经》。后从江慎修学乃大成，经义声韵，多有著作。他对于宋儒的言性、言理、言道、言仁、义、礼、智、信，他总要怀疑。说不是《六经》孔孟的原意。而于晦庵的《四书集注》尤甚。说道："朱子注《大学》，开卷言'虚灵不昧'，便涉异学，其言'以具众理应万事'，尤非理字之旨。古人云理解者，寻其腠理而析之也。曰：天理者，如庄周'依乎天理'，即所谓'彼节者有间'也。古圣贤以体民之情遂民之欲为得理，今人以己之意见不出于私为理，是以意见杀人，咸自信为理矣。《中庸注》言'性即理也'，其可乎？"他论性说道："人与物同有欲，欲也者，性之事也。"又说道："欲不流于私则仁，不溺而为慝则义，情发而中节则和；如是之为天理。情欲未动，湛然无失，是为天性。"这段话和吕东莱论"贪吝二念孰非至理"完全相同。

　　有清一代，考证学独盛，理学反远不及宋明，这是什么理由呢？因为宇宙伦理等学说，在宋明时代已发挥尽致，儒者只须研究音韵训诂，以明白古人的真意。不过汉代的训诂，因经过秦项二火之后，其势不得不然。至清朝在宋明之后对于理学思想，极应发皇光大，乃竟中道夭折。近百年来，朱学派和王学派的暗潮亦逐渐消灭，就是证明研究二人学问的减少之故。东邻日本国至今两派对峙，而国势的蒸蒸日上，咸归功于王学，这是无可讳言的。